발도르프 공부법 강의

발도르프 공부법 강의

유네스코 선정
21세기 개혁교육 모델,
발도르프 학교에서
배운다

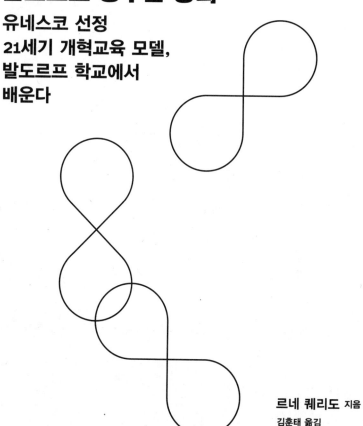

르네 퀘리도 지음

김훈태 옮김

저자 서문
집어넣기가 아닌 끌어내기로

발도르프 교육은 성장하는 아이들의 존엄과 고유성을 강조합니다. 루돌프 슈타이너(1861-1925)가 제안한 수업 방식에 따르면 교육 활동은 예술이 되어야 합니다. 유치원에서 상급 과정까지 아이들의 발달단계에 맞는 교육과정을 실천하는 데 예술성의 일부가 있습니다. 발달이란 인식의 성장뿐 아니라 존재의 전인적 성장을 뜻합니다. 참된 전인교육wholistic pedagogy은 가슴과 두 손, 머리를 포함하는 교육입니다. 수업 활동은 이러한 신념에 기초합니다.

8년간의 담임 과정● 동안 아이들은 발도르프 학교에서 담임교사 한 명에게 지도를 받습니다. 처음에 교사는 아이들에게 자연의 경이로움을 소개하고, 나중에 이를 토대로 과학 수업을 진행합니다. 내적 세계인 역사, 곧 대대로 전해 내려오는 인류의 이야기를 배우며 바깥세상에 대한 학습을 보완합니다. 이러한 수업 방식은 우리가 흔히 위대한 책이

●발도르프 학교의 학제는 8년간의 담임 과정과 4년간의 상급 과정으로 이루어진다.

라고 부르는 '자연의 책'과 '인간/문명의 책'을 따른 것입니다. 이는 깨어나는 어린아이의 의식을 완전히 사로잡고 북돋우며 흥미를 불러일으킵니다. 다른 과목 교사들도 이러한 방식에 기여합니다. 음악과 오이리트미Eurythmy●, 수공예, 외국어 같은 과목이 일찍부터 도입되고 체육, 목공예, 농업 등은 나중에 추가됩니다.

상급 과정 교사들은 과학과 인문학 분야의 전문가로서 학생들의 발달에 통합될 수 있도록 다양한 경험을 제공합니다. 전문성이 성장하는 시기에 인간의 온전한 본성은 오직 잠재된 고유성의 힘이 어린 시절에 깨어났을 때에만 존속할 수 있습니다. 책임감을 바탕으로 하는 진정한 자유의 추구는 사춘기 이후 수년간의 교육 목표입니다.

전 세계적으로 발도르프 학교는 자녀의 미래에 관심이 많은 부모들의 절박한 요구에 의해 생겨났습니다. 북미에는 현재 70개의 발도르프 학교가 있습니다. 이 중 아홉 곳은 유치원과 12학년까지 갖추고 있습니다.●●

발도르프 학교 운동은 루돌프 슈타이너가 시작했습니다. 보편적 인본주의자이자 과학자인 그는 인류의 쇄신을

● 슈타이너가 창안한 일종의 동작 예술. 사지를 이용해 언어와 소리를 표현한다. 춤이나 발레, 팬터마임과는 다르다.
●● 2016년 기준으로 발도르프 학교는 64개국 1,080곳에 달한다. 캐나다에는 18곳, 미국에는 126곳이 있다. 이는 세계발도르프학교연맹에 소속된 학교의 숫자이고, 아직 연맹에 소속되지 않은 신생 학교까지 포함하면 그 수는 더 늘어난다. 2017년 현재 한국에는 15곳의 발도르프 학교가 있다.(「Waldorf World List 2016」, www.freunde-waldorf.de)

위해 교육뿐 아니라 의학, 농업, 예술, 과학 등의 분야에서도 귀중한 제안을 했습니다.

교육education의 진정한 의미는 '집어넣기'가 아니라 '끌어내기'educere입니다. 발도르프 교육은 아이들 저마다의 내면에 잠재돼 있는 능력을 일깨우는 데 전념합니다. 그렇게 함으로써 젊은 세대가 우리 문명에서 최상의 특성을 이끌어내는 힘과 열정, 지혜를 스스로 발견할 수 있도록 준비시킵니다.

르네 퀘리도

역자 서문
왜 발도르프 교육인가

해님은 식물들에게
빛을 줍니다.
해님이 식물들을
사랑하니까요.
사랑을 할 때는,
그렇게 한 사람이 다른 사람들에게
영혼의 빛을 줍니다.
―루돌프 슈타이너(1919)

우리는 아이를 사랑한다고 말하지만 정작 어떻게 해야 올바로 사랑하는 것인지 모를 때가 많습니다. 정원사가 꽃과 나무에 대해 잘 알지 못한다면 또는 동물에 대한 지식이 없는 이가 수의사 노릇을 한다면 어떤 결과가 벌어질지 충분히 예상할 수 있겠지요. 그러나 부모와 교사로서 우리는 아이들에 대해 얼마나 알고 있는 것일까요?

저는 교대를 졸업하고 처음 담임을 맡았던 해를 잊지 못합니다. 제가 처음 만난 아이들은 4학년이었습니다. 놀랍게도 대학을 졸업할 때까지 초등학교 4학년 아이들이 어떤 존재인지 배운 적이 없었습니다. 아이들은 선생인 저를 사랑으로 반겨 주었지만 저는 어찌할 바를 몰랐습니다. 종종 악몽에 시달리곤 했습니다. 꿈속에서 저는 외과 의사였고, 수술실에서 집도를 준비하고 있습니다. 메스로 환부를 여는 순간 깨닫습니다.

'나는 의학을 배운 적이 없다!'

교사로서 인간학을 배운 적이 없다는 사실이 충격으로 다가왔습니다. 1학년 아이들은 어떻고, 3학년 아이들은 어떠하며, 6학년은 또 어떤지 아무도 가르쳐 주지 않았습니다. 여자아이와 남자아이의 차이, 기질에 따른 특성 등은 말할 것도 없었지요. 배운 것이라고는 파블로프의 개 실험과 프로이트의 구강기, 항문기 그리고 피아제의 헐거운 인지 발달 이론이었습니다. 인간 발달에 관한 이해가 필요하다는 문제의식조차 없었습니다. 그러나 아이들을 만난 첫날부터 저는 인간 이해의 부재가 얼마나 두려운 일인지 깨달았습니다. 그것은 마치 무면허 의료인이 아이들의 몸을 함부로 진료하는 듯한 기분이었습니다. 이후 저는 교육과정, 수업 방법보다 인간에 대한 이해에 관심을 기울였습니다.

운명적으로 발도르프 학교를 알게 되고, 그곳에서 담임 교사를 시작하면서 교사로서의 제 삶은 달라졌습니다. 발도르프 교육의 근간인 루돌프 슈타이너의 인지학Anthroposophy 사상은 인간학의 보고였습니다. 인간이 어디에서 와 어디로 가는지 같은 형이상학적인 이야기부터 어머니의 배 속에서 태어난 아기가 어떤 경로를 거쳐 성인이 되고● 발달단계마다 무엇을 필요로 하는지에 관한 실용적인 정보 그리고 그에 맞는 예술적인 수업 방식까지……. 그토록 찾아 헤매던 가르침이 풍성하게 담겨 있었습니다. 이전에는 경험해 본적 없는 전혀 다른 세계관이었고, 교육이 곧 예술이 되는 새로운 세계의 교육학이었습니다.

부모와 교사를 통틀어 교육자라면 아이들과 어떤 행위를 할 때 그것을 왜 하는지, 확실한 이유가 있어야 할 겁니다. 교육은 이렇게 해도 되고 저렇게 해도 상관없는 것이 아니기 때문입니다. 아이에게 어떤 장난감을 왜 주는지 또는 그 이야기가 아이에게 왜 필요한지 교육자는 분명히 알고

●발도르프 교육에서는 '인간은 7년 주기로 질적 변화를 겪는다'라고 말한다. 신체적인 변화만 보면 만 7세에 이갈이를 시작하고, 14세에 이차성징이 두드러지며, 21세에 키 성장이 멈춘다. 내적으로는 7세에 기억력이 강화되어 본격적인 학습을 시작하고, 14세에는 사춘기가 정점에 올라 감정생활이 독립한다. 21세가 되면 자아가 독립해 스스로 사고하고 판단하고 실행하는 성인이 되는 것이다.

15

있어야 한다는 게 발도르프 교육의 입장입니다. 교과를 가르칠 때는 당연히 왜 그것을 그렇게 가르치는지에 대한 답이 교사에게 있어야만 합니다. 남들도 다 그렇게 하니까, 교과서에 그렇게 하라고 나와 있으니까라는 식의 대답은 아이들은 고사하고 교사 자신도 만족시키지 못합니다. 발도르프 교육은 그 이유를 인간에 대한 올바른 이해에서 찾습니다. 막연하게 아이를 위해 해 왔던 일들의 의미를 우리는 처음부터 다시 돌아보고 질문을 던져야 합니다. 그렇게 한다면 왜 아이들에게 스마트폰 대신 돌멩이나 나무토막, 솔방울 같은 자연물을 장난감으로 주어야 하는지 스스로 답을 찾을 수 있을 것입니다.

이 책은 발도르프 교육에 관심 있는 부모와 교사만을 대상으로 하지 않습니다. 아이를 온전히 사랑하고 건강하게 키우고 싶은 이라면 누구나 흥미로워할 내용입니다. 사랑을 한다는 것은 내가 주고 싶은 걸 마음대로 쏟아붓는 게 아닙니다. 진정한 사랑은 상대에게 초점을 맞추는 것이지요. 사랑하는 대상이 필요로 하는 것을 이해하고, 할 수 있는 만큼 그것을 주는 것, 그게 사랑일 겁니다. 아이들을 사랑한다면 우선 아이들이 필요로 하는 게 무엇인지 알아야 합니다.

발도르프 교육의 권위자 르네 퀘리도는 30년이 넘는 교육 경험을 바탕으로 교육과 인간의 본질에 관한 이야기를 친절하게 들려줍니다. 미국의 한 발도르프 학교 학부모들을 대상으로 한 일곱 편의 강의를 정리해 모은 이 책은 사전 지식 없이 읽어도 내용을 이해하는 데 별 어려움이 없습니다. 아이들에게 리듬 있는 생활이 왜 필요한지, 아이들을 이해하는 데 기질은 어떤 역할을 하는지, 아이들에게 삶을 어떻게 준비시켜야 하는지 그리고 이 시대에 아이들에게 길러 주어야 할 소중한 가치가 무엇인지 등은 우리가 아이를 키우며 늘 고민하는 주제이기도 합니다. 이어서 책에서는 발도르프 교육의 실제 수업을 지리와 역사, 외국어 등을 중심으로 생생한 사례를 덧붙여 구체적으로 소개합니다.

태양이 식물들에게 빛을 주는 것처럼 부모와 교사로서 우리는 아이들에게 영혼의 빛을 전해 주는 존재입니다. 그러기 위해서는 먼저 우리의 영혼이 빛나야 할 것입니다. 이 책을 번역하는 내내 제 가슴은 기쁨으로 가득 차곤 했습니다. 발도르프 교사를 그만두고 연구와 번역에 전념하는 지금 제게 주어진 또 다른 삶의 과제는 아기를 키우는 일입니다. 이제 막 만 3세가 지난 딸아이를 돌보며 작업하느라 번역은 더디게 진행되었습니다. 그럼에도 번역 작업을 즐겁게 할 수 있었던 이유는 교육과 인간에 대한 저자의 깊은 통찰 덕분이었습니다. 날마다 아이를 돌보며 '내 영혼은 빛나고 있는가?', '나는 아이에게 빛을 주고 있는가?'를 생각했습니다. 그리고 이전의 초등학교와 발도르프 학교에서 아이들을 가르쳤던 일을 떠올리곤 했지요. 지금 아이들을 키우고 가르치는 부모와 교사에게도 이 책이 큰 도움이 될 거라 믿습니다.

마지막으로 번역에 도움을 준 정하린 군과 유영진 님께 이 자리를 빌려 감사드립니다. 또 이 책을 출판해 주신 유유 출판사에도 특별한 감사의 말씀을 전합니다.

2017년 여름
서산에서 김훈태

목차

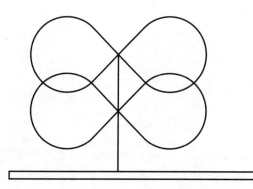

1장
아이의 창조적 리듬을 계발하는 법

여러분, 한번 상상해 보시기 바랍니다. 오늘 여기에 어른이 아니라 똑같은 수의 아이가 있다면 어땠을까요? 저는 아이들이 자기 의자에 앉아 이렇게 참을성 있게 기다렸을 거라고 생각하지 않습니다. 어쨌든 시간이 지나면 지날수록 우리는 느긋해질 것입니다. 왜냐하면 아이 오륙십 명이 방 이곳저곳에 앉아 기다리고 있다면 당연히 방 앞에서 누군가가 이런 이야기를 들려주기 시작했을 테니까요. "옛날 옛날에 사내아이 셋을 둔 아저씨와 아주머니가 살았습니다." 많은 아이가 이야기꾼 주변으로 몰려들어 귀를 기울였을 것입니다.

만약 서너 살 정도 되는 아주 어린 아이들이라면 「황금 알을 낳는 거위」같이 멋진 동화는 너무 길지도 모릅니다. 아이들은 이야기 전체를 다 듣지 못할 수도 있습니다. 1학년 혹은 다섯 살 아이라면 들을 수 있을지도 모릅니다. 하지만 여러분은 세 살짜리들을 조용히 이야기만 듣게 할 수 없을 겁니다.

우리가 만일 몇 가지 움직임과 더불어 노래를 부르고,

작은 심벌즈나 또 다른 리듬악기를 치면서 방 안을 돌며 춤을 춘다면 대부분의 아이가 함께할 것입니다. 어린아이들은 노래하는 것, 옷을 차려입는 것, 연극 놀이를 특히 좋아합니다. 물론 여러분은 제가 이런 말씀을 드리면 그 순간 움직임과 의지, 활동에 대한 상을 그리겠지요.

갓난아기를 떠올려 보세요. 여러분은 '움직임'이 삶의 첫 번째 몸짓이라는 걸 기억할 것입니다. 이 스펙트럼의 다른 쪽 끝에 있는 '무기력함'은 죽음의 첫 번째 몸짓입니다. 움직임은 태어날 때 시작해 죽음과 함께 끝납니다. 움직임이란 삶의 위대한 신비 중 하나입니다. 아기의 의지가 엄마에게, 나아가 아빠에게 어떻게 의존하는지 생각해 보세요. 아기는 정말로 의존적인 존재입니다. 그렇게 속수무책으로 태어납니다.

아기의 의지는 주로 본능을 통해 표현됩니다. 아기가 우는 이유는 배가 고파서 또는 이가 자라거나 새로운 이가 나오기 때문입니다. 어느 정도까지는 아기의 신체적 욕구를 짐작할 수 있습니다. 예컨대 아기는 열이 나면 잠을 자지 못하고 울면서 돌아다니며 칭얼댑니다. 따라서 아기가 보채고 움직이는 것은 본능에 아주 크게 의존하는 것입니다.

하지만 동물과 달리 아이들은 많은 것을 배워야 합니다. 아이들은 아직 동물처럼 세상에 뛰어들 준비가 되어 있지 않습니다. 불을 조심하는 법을 배워야 하고, 물에 빠지기 전에 헤엄치는 법을 배워야 합니다. 동물은 이른 나이에 번식을 할 수 있지만 인간은 그렇지 않다는 점도 차이점이겠지요.

인간에게는 훨씬 더 신비하고 은밀한 무언가가 있습니다. 누군가에게는 "이 아이가 크면 위대한 음악가가 될 것입니다"라거나 "이 아기는 나중에 훌륭한 간호사가 될 거예요"라고 말해 주는 예언자가 필요할지도 모릅니다. 왜냐하면 음악, 간호, 시계 제작 등 그것이 무엇이든지 간에 재능은 여전히 아이에게서 끌어내야 하는 것이기 때문입니다. 재능은 아이가 타고나는 것이지만 계발하지 않는다면 그 아이는 자신의 운명적 소질을 충분히 발휘하지 못합니다.

많은 어른이 서른 혹은 서른다섯 살쯤 되어 이렇게 말한다면 매우 슬플 것입니다. "나는 정말 인생을 낭비했어. 나는 음악과 미술을 배우고 싶었어. 그리고 올바르게 사고하는 법을 훈련하려 했지만 그럴 기회를 전혀 갖지 못했지. 그래서 나는 아무것도 이룬 게 없어." "나는 정말 수학에 관심이 많았어. 하지만 우리 선생님은 한 번도 나를 격려해 준 적이 없었지."

어른으로서 우리는 어떤 좌절감을 느낄 수 있습니다. 우리가 받은 교육이 충분하지 않았기 때문입니다. 아이들에게 폭넓은 경험을 충분히 제공하는 것이 발도르프 교육이 추구하는 바입니다. 그리고 그것은 나중에, 아이들이 자라 어른이 되었을 때 자기 삶에서 자신이 무엇을 할 것인가를 스스로 결정할 수 있도록 돕습니다.

다시 말해 우리는 두 손과 가슴, 머리를 통해 아이에게 다가가야 합니다.

우리는 손으로 요리와 바느질, 뜨개질을 하고, 책을 묶고, 또 다른 수공예에 숙달하는 법을 배웁니다. 오이리트미를 배워 본 적 있으신가요? 오이리트미는 우리 몸의 조화로움을 표현합니다. 체조를 배웠나요? 음악을 공부했나요? 1학년에 들어가 리코더를 어떻게 부는지, 어떤 특별한 방식으로 손가락을 사용하는지, 어떻게 올바른 호흡으로 움직임들을 통합하는지 배웠나요? 노래 부르는 법을 배운 적이 있나요? 우리는 두 손 안에 잠재돼 있는 것, 곧 우리 본성의 의지 영역을 일깨움으로써 생겨나는 모든 분야를 계속 살펴볼 수 있습니다.

그런 다음 이런 질문이 떠오를지도 모릅니다. '정말로 가슴 깊이 감동받은 적이 있었던가?' 우리가 배운 모든 것이 진정 우리의 일부가 되었을까요? 피타고라스는 단순히 빗변과 직각을 이루는 두 변에 대한 고리타분한 정리와 관련된 이름인가요? 아니면 실존했던 인물로서 고군분투하며 살았고, 학교를 세웠고, 인류의 사고와 이해 속으로 완전히 새로운 것을 가져온 사람인가요? 피타고라스는 단지 수학과 관련된 무언가를 했던 인물입니까? 아니면 우리는 이렇게 중요한 발견을 일구어 내도록 이끈 그의 삶과 시대에 대해 무언가를 알고 있나요?

100년 전에 토머스 에디슨이 전구를 발명했습니다. 여러분이 원하신다면 발견했다고 표현하겠습니다. 우리는 그의 삶에 대해 잘 알고 있나요? 아니면 단지 '글쎄, 음, 에디슨은 전화나 전구 같은 것, 대충 그런 것들을 만들지 않았나'라고 생각하나요? 달리 말해 인문학이나 과학 분야의 교육이 우리 삶의 경험들과 연결되어 있나요? 배움과 삶이 서로 연결된다는 것은 아이들에게 무척 중요한 일입니다.

17세기 프랑스의 위대한 수학자 블레즈 파스칼은 지금 우리가 알고 있는 확률 이론 발전에 커다란 기여를 했습니다. 오늘날 보험회사는 파스칼이 개발한 수학적 모델과 원리 없이는 제구실을 할 수 없습니다. 모든 보험 정책은 파스칼이 발견한 수학적 순열과 확률 이론의 결합에 기초합니다.

파스칼이 극심한 두통에 시달렸다는 사실은 잘 알려져 있지 않습니다. 두통의 원인은 숨구멍(정수리의 부드러운 지점)이 완전히 닫히지 않은 데 있었습니다. 아기들의 숨구멍은 일정 기간이 지나면 저절로 닫힙니다. 좀 더 빠른 경우도 있고 느린 경우도 있지요. 하지만 파스칼의 숨구멍은 전혀 닫히지 않았고 그 때문에 성인이 되어서도 계속 고통을 겪어야 했습니다. 그는 이러한 두통을 극복하려고 수학자가 되었습니다. 기하학과 수학을 통해 두통을 극복할 수 있었다는 사실은 파스칼의 운명에서 믿기 어려운 측면이었습니다. 신체적인 고군분투 속에서 그는 자신의 수학적 발견을 완성했습니다.

또한 파스칼은 매우 종교적인 인물이었습니다. 그는 독특한 경험, 곧 빛과 관련해 강렬한 초감각적 경험을 했습니다. 그것은 신적 자아와 하나가 되는 경험이었습니다. 그는 자신의 경험을 기록해 두었습니다. 한 벌뿐인 외투에 바느질을 했지요. 이로써 그는 자신의 경험을 기억할 수 있었습니다. 마침내 외투가 닳아 빠져 새 외투를 입게 되었을 때도 그 경험은 여전히 생생했습니다. 그는 계속해서 상기하기 위해 그 신탁 내용을 새 외투에 바느질했습니다.

이러한 예는 아주 어려운 수학 개념과 씨름하고 있는 8, 9학년 아이들에게 큰 도움이 됩니다. 아이들은 특별한 수학적 발견을 살아 있는 사람과 연결하는 데에서 그치지 않고 그 사람이 자신의 기술을 개발하기 위해 장애를 극복했다는 사실을 알게 됩니다. 이런 방식으로 공부할 때 아이들은 그 과목에 깊이 몰입할 수 있습니다.

어떤 아이들은 개념을 더욱 빨리 파악하는 반면, 어떤 아이들은 그런 일이 적성에 맞지 않는다는 사실을 부정할 수는 없습니다. 하지만 최소한 아이들이 그 과목을 싫어하지 않고, 매력적으로 느낄 수 있다는 것 역시 진실입니다. 아이들에게 매력이란 가슴을 통해 정서적으로 몰입했을 때 생기는 것입니다.

여러분이 지리 수업을 하며 필리핀이나 러시아, 스칸디나비아, 스페인 등지에서 사람들이 어떻게 살아가는지를 설명할 때 아이들은 서로 다른 나라들이 어떻게 연관되어 있는지를 분명하게 느낍니다. 아이들은 "맞아요, 정말 우리 모두는 이 지구 위에 있어요"라고 결론 내릴 것입니다. 아이들은 인간으로서 우리 모두가 전체의 한 부분이라는 사실을 이해할 것입니다. 어린아이들에게 서로 다른 문화 간의 차이만큼이나 통일성을 깨닫게 하는 것 역시 무척 중요합니다.

교육은 아이들의 두 손을 발달시켜 가슴을 자극해야 합니다. 이는 감상적인 방식의 자극이 아니라 참여적인 방식을 뜻합니다. 참여적 방식이란 다른 문제로 애써 온 사람들의 기쁨과 괴로움 속으로 들어가는 것입니다. 그들의 고생과 문제들은 우리에게 우리 자신을 이해하고 재평가할 수 있는 관점을 제공합니다.

이 지점에서 여러분이 궁금해할지도 모르겠습니다. "발도르프 학교에서는 머리를 위해 무엇을 어떻게 가르치나요?" 머리는 손과 가슴을 통해 갑니다. 두 손과 가슴이 머리로 이어지는 것이지 결코 그 반대가 아닙니다. 지적 추상화는 아이들을 사멸로 이끄는 길과 같습니다. 아이는 그런 것과 연결될 수 없습니다. 그것은 아이들의 일상적인 기쁨과 슬픔에서 동떨어진 방식입니다. 직접적인 감정의 참여를 통해 아이들이 서서히 그것을 가져와야 합니다.

여기서 잠깐, 의지에 대한 이야기로 돌아가 보겠습니다. 그것이 이 논의의 출발점이기 때문입니다. 어린아이의 의지는 차츰 자신의 사고, 감정과 조화를 이루게 됩니다. 발로 차고 손으로 움켜쥐는 등 아기의 행위는 시행착오 속에서 천천히 조화로워집니다. 이 과정을 관찰하는 사람은 보통 엄마와 아빠입니다. 그런데 발달 중의 아이는 종종 괴상한 행동을 보이곤 합니다. 갑자기 호두까기 인형을 가장 사랑하는 사람에게 집어 던지기도 하지요. 이는 부모가 교정해 주어야 할 아이의 고의적 행동 중 하나입니다. 자랄수록 아이의 의지는 차츰차츰 다른 사람들과 조화를 이루어야 합니다. 이것은 아이가 아주 어린 시절, 부모로서 갖게 되는 우리의 과제입니다.

이 시점에서 "아이들이 어릴 때 하고 싶은 걸 다 하도록 허용해도 되나요?"라는 질문이 생깁니다. 대답은 "아니요" 입니다. 주변의 부모와 어른들은 아이들의 의지를 조화롭게 만들어 본능을 변화시키도록 도와야 합니다. "어린아이는 동물과 같다"고 말하는 것이 아닙니다. 하지만 동물 수준의 본능적 삶은 인간에게도 존재합니다. 그것을 더 높은 수준 으로 가져오는 작업이 필요합니다.

루돌프 슈타이너는 의지의 변형 과정에 대해 수차례 이 야기했습니다. 대략 이런 내용입니다. '어린아이의 의지는 본능으로 시작해 충동이 되고, 욕구가 되며, 그다음에는 동 기가 된다.' 나아가 소망과 의도, 결단이 되지만 이는 현재 우리의 논의 범위를 벗어나는 이야기입니다.

이러한 진행 순서를 살펴보면 전적으로 본능뿐이던 아 기의 의지가 실제로 엄마의 영향과 규칙적인 리듬을 통해 차츰 먹고 자고 걷는 등등의 리듬으로 발달해 간다는 걸 알 수 있습니다. 이런 리듬을 통해 아이의 습관이 확립됩니다. 본능적 의지는 서서히 충동이 되고, 이 충동은 점점 신체적 요구를 중심으로 하지 않습니다. 드디어 감정이 활동하기 시작합니다. 이것은 보통 두세 살 즈음에 아이가 말을 하기 시작하면서 벌어지는 일입니다. 이때 어떤 부모는 이렇게 생각합니다. '맞아! 이제 우리 아이와 무얼 좋아하고 무얼 좋아하지 않는지 이야기할 수 있는 때가 되었어.' 그리고 가족회의에서 말합니다. "지금 네가 하고 싶은 게 뭐니?"

물론 여러분은 이따금 그런 말을 할 수 있습니다. 생일을 맞이한 아이에게 "내일 뭐 하고 싶어? 공원에 가지 않을래? 아니면 물놀이하러 갈까?"라고 묻는 건 아주 멋진 일입니다. 이 정도는 괜찮습니다. 하지만 매번 이렇게 질문을 한다면 여러분은 건설적인 방식으로 충동을 다루고 있는 것이 아닙니다. 아이는 아직 동기를 부여할 만한 능력을 계발하지 못한 상태입니다. 오로지 깨어난 자아만이 무언가를 하려는 동기를 갖습니다. 이는 우리 같은 어른이 무얼 해야 하는지 보여 줍니다. 우리는 되는 대로 행동해서는 안 됩니다. 사려 깊게 행동하도록 노력해야 합니다. 충동적으로 행동해서는 안 되며, 일관성을 가져야 합니다. 이는 우리가 결코 충동적이지 않으며, 다만 (다행스럽게도) 우리의 광기를 다스릴 수 있다는 식으로 말하는 것이 아닙니다. 동기는 우리 어른의 행동에 관여하는 것입니다. 아이는 아직 스스로 동기를 부여해 행동할 수 없습니다. 결과적으로 여러분은 어린아이들과 '무얼 할 수 있고, 무얼 할 수 없는지' 진지하게 토론할 수 없습니다.

부모와 교사로서 우리는 아이들이 모방할 가치가 있는 환경을 만들어야 합니다. 그것은 매우 섬세한 작업입니다. 실제로 모방이 의미하는 것은 무얼까요? 아이는 주변 세상에 활짝 열려 있습니다. 그리고 주변의 어른들을 모방합니다. (아니면 모방하는 척을 하기도 합니다.) 예를 들어 어머니가 절약하기 위해 습관적으로 식료품 살 돈에서 얼마간을 떼어 항아리에 숨겨 두고, 특별한 일이 있을 때 그것을 꺼내 쓴다고 합시다. 그러면 결국 아이는 그 항아리에서 돈을 꺼내 가게 될 것입니다. 이는 놀라운 일이 아닙니다. 이것은 도둑질이 아닙니다. 아이는 단순히 엄마를 모방한 것입니다.

모방은 이처럼 믿기 힘들 정도로 정확합니다. 아이는 주변에서 벌어지는 모든 자극을 감지하는 안테나와 같습니다. 아이의 의지는 누군가의 행동뿐 아니라 사고와 감정까지 모방합니다. 아이는 도드라질 만큼 예민합니다. 전적으로 상처받기 쉬우며 우리 어른들처럼 방어하지도 못합니다. 우리는 웬만한 것에는 영향을 받지 않습니다. 언제든 "글쎄, 나는 그것에 반응하지 않을 건데"라고 말할 수 있습니다. 반면에 아이들은 무엇에든 반응합니다.

아이의 의지가 본능과 하나가 되고, 충동과 결합한 뒤 아이는 점차 욕구의 단계로 들어갑니다. 이 단계가 대단히 중요합니다. 우리는 스스로에게 질문해야 합니다. "아이가 모방할 만한 환경을 제공하고 있는가?" 만화책과 텔레비전은 모방할 만한 값어치가 있나요?

아이가 창조성을 타고난다는 것에 많은 사람이 동의합니다. 하지만 오늘날 대부분의 아이는 혼자 놀 때나 여럿이 놀 때 창조성을 보여 주지 못합니다. 수많은 자극이 아이가 지닌 본래의 창조성을 둔화시킵니다. 이뿐 아니라 그런 자극들은 모방할 가치조차 없습니다.

예컨대 텔레비전은 아주 교묘한 영향을 미칩니다. 텔레비전의 부작용에 대해 이야기하면 여러분은 이렇게 반문할지 모릅니다. "아이들에게서 텔레비전을 빼앗는 것은 너무 낡은 방식 아닌가요? 텔레비전은 20세기의 일부입니다.● 저더러 우리 시대에 속한 것을 제 아이에게서 빼앗으라는 건가요?" 또 다른 부모는 텔레비전과 어린아이는 아무런 상관이 없다고 주장할지도 모릅니다. 그러나 텔레비전은 아이의 능력 발달을 저해해 서서히 아이를 창조적이지 못한 사람으로 만들 수 있습니다.

인류 발달의 재연(발생 반복)이기도 한 아이의 발달을 온전히 아는 것, 이것이 발도르프 교육의 매우 중요한 원칙 중 하나입니다. 우리는 아이가 어릴수록 더욱 창조적이며, 신성한 요소와 더 깊이 연결되어 있다는 사실을 알고 있습니다. 융은 모든 인간 속에 존재하는 신화적 실체로서의 집단 무의식에 대해 언급했습니다. 슈타이너는 융의 이론을 수용하고, 거기에서 한 걸음 더 나아가 이렇게 말했습니다.

●이 책이 출판된 시기는 1980년대다. 요즘은 텔레비전보다 스마트폰이 더 심각한 골칫거리다.

"실제로 아이는 인류 발달의 모든 단계와 모든 능력을 재연한다."

이러한 발생 반복에 따라 아이는 사춘기에 접어드는 열두 살에서 열네 살 무렵 지적 단계에 도달합니다. 발도르프 교육과정에서는 이 시기에 본격적인 과학 수업을 시작합니다. 우리는 점차 과학과 기술을 도입합니다. 그 전에 우리는 아이의 신화적이고 형상적인 의식을 강화합니다.

물론 우리는 1학년 때부터 쓰기와 읽기, 셈하기를 가르치며, 식물학과 동물학 등의 수업을 진행합니다. 이는 매우 충실한 교육과정입니다.

아마 여러분 중 누군가는 제가 '읽기와 쓰기'라고 하지 않고 '쓰기와 읽기'라고 말한 것을 알아차렸을지 모릅니다. 제가 왜 그랬을까요? 그 이유는 아주 간단합니다. 실제로 우리는 손을 먼저 쓰기 때문입니다. 우리는 그리거나 쓰는 것처럼 손을 이용한 활동을 먼저 시작합니다. 무엇을 쓰게 될까요? 가령 mountain(산)에 대한 이야기를 들려주고 그 이야기에서 글자 'M'을 뽑아내거나 fish(물고기)에 대한 이야기를 들려주고 'F'를 발전시킬 수 있습니다. 물론 그러면 우리는 "그게 그리 간단한 일이 아닙니다. 모든 낱말이 정확히 그 모양과 비슷하게 생긴 문자로 시작하는 게 아니니까요"라고 말하겠지요. mother(어머니)는 mountain과 비슷하게 생기지 않았지만 'M'으로 시작합니다. 그러나 두 단어의 공통된 문자와 그려진 그림들의 관계를 통해, 손으로 쓴 언어와 그림들이 통합됩니다.

쓰기는 모두 그림 형태의 낱말로 시작되었습니다. 그림으로 시작됐기 때문에 쉽게 읽기로 이어지는 자연스러운 리듬이 확립되었습니다. 인쇄기가 발명된 것은 고작 500여 년 전입니다. 1450년 이전에는 기계가 아니라 사람이 썼습니다. 중세의 필경사들이 그들의 서법으로 행했을 노력에 대해 생각해 보십시오. 더 거슬러 올라가면 이집트 필경사의 작업 속에서도 똑같은 노력을 발견할 수 있습니다. 기원전 3000년경에는 오늘날 우리가 알고 있는 쓰기라는 것이 없었습니다. 오직 쐐기문자와 상형문자뿐이었지요. 예전 사람들은 왜 쓰지를 않았을까요? 왜냐하면 고유한 기억력이 더 발달했었기 때문입니다. 실제로 예전 사람들은 대부분의 현대인보다 더 많은 것을 기억할 수 있었습니다.

흥미롭게도 어린아이들은 놀라운 기억력을 가지고 있습니다. 만약 여러분이 어린아이들에게 시를 가르쳐 준다면, 어른들과 대조적으로 아이들은 아주 빨리 배울 것입니다. 게다가 어른은 배운 것을 더 쉽게 잊어버립니다. 어린아이의 생생한 기억력을 발달시키면서 교사는 차츰 아이들에게 쓰기와 읽기를 가르치고, 그다음 인쇄된 종이를 줍니다.

여러분은 이것을 내리막길이라고 볼 수 있습니다. 하지만 여러분이 원한다면 그것은 오르막길이 되기도 합니다. 의지를 끌어내고, 감정을 끌어낸 뒤 머리를 깨우는 방식입니다.

이제 마무리를 위해 의지에 관한 주제로 돌아가 보겠습니다. 아이들의 욕구와 같은 의지는 교감sympathy, 반감antipathy과 연관되어 있습니다. 그것은 자신의 밖으로 나갔다가 다시 들어오는 것과 관련되어 있지요. 그래서 아이들이 예술 작업을 통해 호흡 체계에 도움을 받는 일은 아주아주 중요합니다. 아이들은 문자 그대로 영혼의 능력까지 팽창시키고 수축시킬 수 있습니다. 따라서 예술적 요소는 욕구의 세계에서 가장 훌륭한 교육자입니다.

한 아이가 어린 시절에 예술교육을 받지 못했다는 것은 말 그대로 어린 시절을 빼앗긴 것과 다름없습니다. 셰익스피어는 "내면에 음악이 없는 자는 (……) 믿을 만한 사람이 못 되기에 대역죄와 모략, 약탈에나 어울린다"라고 말했습니다. 이는 셰익스피어의 말도 안 되는 생각일까요? 아니면 그 말을 진실로 받아들여 '맞아. 음악은 정말 영혼의 삶에 균형을 가져오는 가장 훌륭한 소양이지'라고 느낄 수 있을까요?

오르페우스의 예를 들어 보겠습니다. 그는 바위를 움직이고 파도를 잠재울 수 있었습니다. 그가 음악을 들려주자

폭풍우가 잠들었습니다. 딱딱하게 굳어 있던 바위들이 춤추기 시작했지요. 거기에서 우리는 음악이 어떻게 경직된 곳에 움직임을 창조하는지 또 지나치게 산만한 곳에서 어떻게 안정감을 창조하는지에 대한 신화적 이미지를 얻습니다.

유치원부터 상급 과정까지 발도르프 학교의 모든 학년에서는 음악을 가르칩니다. 11학년에서는 음악사를 가르치지요. 이 시기까지 모든 학생은 리코더를 불고 합창을 하며 오케스트라에서 연주하는 법을 배웁니다.

음악은 미술, 발표, 연극, 운동 등과 함께 욕구의 요소가 두드러지는 '사춘기의 위기'에 아주 중요한 역할을 합니다. 10대가 된다는 것은 "나는 원해요"라고 말하는 것입니다. 그리고 이 시기에 많은 10대가 "이건 내 거야"라고 말하는 경향이 있습니다. '나'(자아)가 부상하는 시절인 것입니다.

발도르프 학교에서 우리는 교육과정을 통해 더 넓은 세상에 관심을 갖고, 다른 사람들과 좋은 관계를 맺을 수 있도록 10대들을 지도하려 합니다. 이것이 바로 '욕구의 교육'입니다. 본능은 마구 날뛸 수 있고, 충동은 거칠어질 수 있으며, 욕구는 극도로 이기적이 될 수 있습니다. 하지만 욕구는 둔감하거나 집요하기보다는 오히려 조화를 이루어 낼 수 있습니다. 아이의 성격에서 서로 다르고 대립되는 측면들을 균형감 있게 조절하는 것이 우리의 교육 과제입니다. 왜 그래야 할까요? 그렇게 할 때 서서히 자라나는 아이의 의지에 동기가 들어갈 것이고, 성인이 되어서 책임감 있는 행동을 할 것이기 때문입니다.

2장
아이의 기질을 파악하는 법

아이들의 세계는 경이로움과 창조성으로 가득 차 있습니다. 분석하거나 기계화할 수 없는 세계입니다. 발도르프 교육은 매우 실용적입니다. 동시에 아이들의 내면에도 관심을 두지요. 모든 아이는, 심지어 같은 부모, 같은 환경 아래에 있는 아이들조차 서로 다릅니다. 어느 누구도 한 아이의 본성을 엄밀하게 생물학적으로 설명해 낼 수 없습니다. 아이 한 명 한 명은 고유한 존재입니다.

아이가 과연 어떤 존재인지 더 깊이 파고들면 이 점은 더욱 명확해집니다. 아이는 부모에게 받은 신체 속에 고유한 정신spirit이 육화된 존재로, 부모는 지상에서 이 아이의 삶을 받아들여 안내합니다. 아이의 유전적 특성은 환경에서 온 자극과 영향을 주고받습니다. 기질은 '자아'와 연관된 정신적인 면과 부모에게 물려받은 것들의 만남입니다. 곧 기질은 정신과 유전이라는 두 줄기가 합쳐진 결과입니다.

정신과 유전이라는 개념을 바탕으로 계절의 순환 속에서 이루어지는 분위기의 변화에 주목해 봅시다. 분위기의 변화는 여름의 타는 듯한 더위, 가을의 쇠락과 죽음, 겨울의 얼음과 눈, 봄의 기쁨 등으로 표현할 수 있습니다. 이 분위기들을 색상환으로 표현할 수도 있습니다. 파랑은 겨울, 곧 얼음처럼 차갑고 축축한 분위기입니다. 봄이 시작되는 파장 속에는 많은 층의 초록이 등장합니다. 여름의 분위기는 태양의 힘과 열기를 연상시키는 빨강입니다. 여름이 지나면서 우리는 안으로 움츠러들고 우리를 둘러싼 자연은 느려지고 죽어 가는 듯 보입니다. 무언가를 상실한 것처럼 느껴지기 시작합니다. 많은 것이 죽고, 우리는 생명이 어디에서 다시 생겨날지 확실히 알지 못합니다.

아이들의 분위기는 계절과 연결됩니다. 어떤 아이는 여름입니다. 여름에 태어나서가 아니라 이 아이의 몸짓과 특징이 여름과 관련 있기 때문입니다. 여름 아이는 불과 같고, 겨울 아이는 물과 같습니다. 가을 아이는 땅에 발이 묶여 있는 반면, 봄 아이는 가벼운 공기와 같습니다. 기질은 여섯 살에서 열네 살 사이에 매우 두드러지며, 그 이전에는 그리 뚜렷하게 나타나지 않습니다. 담임 과정 시기에 기질은 실로 중요합니다. 교사에게 기질이란 개별 아이는 물론 학급 전체와 연결되는 수단이기 때문입니다.

각각의 기질은 세상에 서로 다르게 반응합니다. 왜냐하면 서로 다른 시각으로 세상을 바라보기 때문입니다. 예컨대 가을 아이는 키가 무척 빨리 자라고, 걸을 때 머리를 숙

네 가지 기질과 그에 상응하는 계절, 요소 그리고 색깔

인 채 발을 질질 끕니다. 여럿이 놀고 있는 모습을 보며 '나는 그냥 보고 있을 거야. 이쪽저쪽으로 왔다 갔다 하는 공을 가지고 놀다니 참 재미있는 녀석들이군' 하고 생각합니다. 가을 아이는 이미 삶의 의미에 대해 생각하고 있습니다. 자기 주변에서 일어나는 모든 일을 이해하려 하고, 곱씹어 생각하며, 구경꾼이 되어 세상이 흘러가게 놓아두는 것을 좋아합니다. 파티를 하자고 하면 "안 해. 난 파티 싫어. 혼자 모형 만들기 하는 게 더 낫지. 방문 닫을게"라고 말합니다. 열두 살 무렵에는 "여기 들어오는 걸 포기하세요. 여긴 지옥으로 가는 입구입니다"라고 쓰인 팻말을 방문에 내걸지도 모릅니다. 혼자 있고 싶어 하고, 존재의 가장 밑바닥을 파고들고자 합니다.

우울질melancholic 또는 가을 아이는 교사에게 대답하기 곤란한 질문을 던집니다. 만약 교사가 삶의 의미에 대한 자신의 질문에 관심이 없다는 걸 알게 되면 크게 실망할 것입니다. "나는 심각한데 선생님은 내 질문에 관심이 없어. 그렇다면 나 혼자 간직하는 수밖에." 삼사십 년쯤 후에도 2학년인가, 3학년 때 자신의 질문에 교사가 "바보 같은 소리 좀 하지 마"라고 말했던 것을 기억할 것입니다. 그리고 아직까지도 그것을 괴로워하겠지요. 다소 과장한 측면이 있지만 우울질 아이의 분위기를 이해한다면 이것이 그 아이의 영혼과 관련되어 있다는 사실을 알게 될 것입니다. 우울질 아이는 매우 직관적이고, 사물의 가장 깊은 곳을 꿰뚫어 보길 원합니다. 이 아이는 이해하고자 하며, 문법과 의미, 구조, 원리 등을 아는 데 큰 관심을 보입니다.

봄 아이는 이와 정반대입니다. 이 아이는 근심 없이 속 편하고 재빠르며 잘 웃고 유쾌합니다. 뭐든지 빨리 배우고 엄청나게 열광하지만 다음 날 "캐서린, 어제 우리 뭘 했지?" 하고 물으면 "기억은 안 나지만 정말 정말 재미있었어요!" 하고 말할 것입니다. 봄 아이는 봄날 아침의 햇살처럼 밝고 꽃과 나비, 곤충 들을 사랑합니다. 이 아이는 땅에 발이 거의 닿지 않습니다. 그래서 쉴 새 없이 뛰어다니는 이 아이의 신발은 다른 부분에 구멍이 날지언정 뒤축이 닳는 일은 거의 없습니다. 항상 발끝으로 다니기 때문입니다. 이 아이의 삶은 경이로운 속도감을 지닙니다.

다혈질sanguine 아이 역시 쉽지만은 않습니다. 예를 들어 여러분이 예고 없이 친구 집을 방문했다고 해 봅시다. 그럼 친구의 딸이자 사랑스러운 다혈질 아이 세라가 나와 이렇게 말할 것입니다. "엄마랑 아빠는 고모 병문안 가셔서 지금 집에 안 계세요. 고모가 높은 데서 떨어지셨거든요. 그래도 들어오세요. 제가 차를 내올게요." 부모님이 돌아오시기를 기다리는 동안 세라는 가족사에 관해 아주 자세히 이야기합니다. 신나게 이야기하는 아이가 분명 귀엽기는 하겠지만, 아이의 부모님은 아이가 떠벌린 내용이 그다지 즐겁지 않을 수 있습니다.

같은 상황에서 우울질인 윌리엄은 오후 내내 혼자 시간을 보낼 것입니다. 찾아온 손님에게 문조차 열어 주지 않을지 모르지요. '이 낯선 사람은 부모님의 친구일지도 몰라. 하지만 내 친구는 아니니까'라며 합리화할 것입니다. 그렇게 문은 줄곧 닫혀 있습니다. 밖에 계속 서 있어야 한다면 여러분은 약간 당황하며 대체 무슨 일이 벌어지고 있는지, 이 상황이 대체 무엇인지 의아해할 것입니다.

여름 아이가 학교에서 돌아온 것을 알아차리는 건 매우 쉽습니다. 틀림없이 집으로 들어서면서 문을 쾅 닫고는 쿵쾅거리며 "왔어요!" 하고 소리칠 테니까요. 화가 나 있다면 아이의 태도만 봐도 바로 알 수 있습니다. 무언가 굉장한 일이 있었다면 틀림없이 그것에 대해 이야기할 것입니다. "나 오늘 나무에 올라가서 나무에다 못을 박았어!" 같은 말이 바로 담즙질choleric 아이가 내뱉는 전형적인 문장입니다.

담즙질 아이에게는 뛰어놀 정원과 기어오를 나무, 뭔가 쌓을 거리들이 필요합니다. 담즙질 아이를 겪어 보지 않은 사람은 이 아이를 상대하기가 버거울 수 있습니다. 여러분의 체력은 바닥나 가는데 아이는 점점 더 기운이 넘치는 것처럼 보일 테니까요.

여러분이 조용히 신문을 읽고 싶은 우울질 아빠라면 요구 사항이 많은 담즙질 아이는 계속 이렇게 물어볼 것입니다. "우리 내일 뭐 할 거예요? 주말에는 뭐 할 거죠? 산을 몇 개나 오를 건가요?" 여러분은 이렇게 대답할지도 모릅니다. "아빠는 그냥 집에 있고 싶구나. 이번 주는 정말 피곤했거든."

담즙질 아이는 다혈질 아이와는 다른 종류의 보살핌을 필요로 합니다. 여름인 담즙질 아이는 불의 요소를 지니고, 봄인 다혈질 아이는 공기의 요소를 지닙니다. 우울질 아이는 땅에서 떨어지지 못하는 가을과 비슷하며 매사에 심각합니다. 담즙질 아이는 항상 미래에 대한 기대로 가득 차 "내일 뭘 할 거죠?"라고 말합니다. 우울질 아이는 "휴가를 간다고요? 3년 전에 갔던 휴가만큼 좋지 않을 것 같아요. 그땐 정말 재밌었는데. 이번 휴가 정말 갈 거예요? 진짜 힘들고 별로일 거 같은데"라고 말합니다. 우울질 아이는 기억을 통해 과거와 강하게 연결되어 있고, 때로는 기억이 아주 깊이 각인되기 때문에 마음에 오래 담아 두는 경향이 있습니다.

보통 다부진 체격을 지닌 담즙질 아이는 맹렬한 기세를 드러내며 매사에 저돌적입니다. 반면 목이나 몸통이 좀 더 긴 편인 우울질 아이는 머리에서 손발까지의 거리가 너무 멀어 생각을 행동으로 옮기는 게 더욱 힘듭니다. 담즙질 아이는 화끈하게 소통하며 미래지향적입니다. 다혈질 아이는 좀 더 현재지향적입니다. "지금 행복하면 다 좋은 거야. 그렇지 않으면 난 울든지 웃든지 해." 기분이 금세 바뀌는 다혈질 아이 때문에 주변 사람들이 피곤해지곤 합니다. 다혈질 아이는 현재 속에 살며 자신이 당면한 일에 끌립니다. 자기 기분보다 주변에 더욱 영향을 받습니다. 학교에 별일이 없으면 기뻐하고, 교실에서 어떤 일이 잘 풀리지 않으면 몹시 침울해지기도 합니다.

겨울 아이는 물의 요소와 관련이 있습니다. 겨울 아이는 안락함을 좋아합니다. "따뜻한 난로도 있고, 별로 할 일도 없고. 밖에 눈이 점점 많이 내리네. 따뜻하고 좋다. 뭐 좀 먹어 볼까." 무언가를 먹은 뒤에도 따뜻하고 편안하고 밖에는 계속 눈이 내립니다. "우리 뜨개질 할까?" 하고 제안하면, 아이는 계속 뜨개질을 합니다. 목도리는 점점 길어지지요. "그 정도면 목도리 길이로 충분하지 않니?" 여러분이 아이를 제지하지 않는다면 목도리는 훨씬 더 길어질 것입니다. "할아버지께 드리기에는 목도리가 너무 긴 것 같지 않아?" 그러면 이렇게 대답할지도 모릅니다. "음, 그런 것도 같네요. 그럼 하나 더 뜰래요!" 이 아이는 반복을 좋아하며, 만족감과 따뜻함을 느끼고 싶어 합니다. "뭘 좀 하지 그러니?"라고 물으면 "뭘 말이에요?"라고 답할 것입니다. 이 아이가 꼼짝도 하지 않는다고 속지는 마십시오. "잔잔한 물이 더 깊다"는 속담이 있듯이 이 아이는 오랫동안 잠잠하기 때문에 때때로 가장 놀라운 행동을 하기도 합니다. 갑자기 폭풍우처럼 뭔가가 일어납니다. 하지만 전반적으로 이 아이의 감정은 놀랍도록 차분하고 평온합니다. 점액질phlegmatic 아이는 믿음직하고 충실합니다. 그러나 다른 기질들처럼 점액질 역시 긍정적인 면과 부정적인 면을 가지고 있습니다. 담즙질이 파괴적일 수 있듯이 점액질은 게으를 수 있습니다. 우울질은 자기밖에 모르고, 다혈질은 깊이가 없습니다.

우리가 원하는 것은 아이의 기질을 변화시키는 것이 아닙니다. 우리는 오직 아이가 극단적이지 않고 조화롭기를 바랍니다. 우리는 종종 이 부분을 오해해서 어떻게든 점액질 아이에게 무언가를 시키려 합니다. 담즙질 아빠는 느리고 친절하고 평화롭고 조용한 점액질 딸이 무언가 더 하기를 바랍니다. 이는 점액질 아이에게 다가가는 최악의 접근 방식일 수 있습니다. 아이가 아주 고집불통이 될 수도 있기 때문입니다. 아이는 오히려 전보다 더 아무것도 하지 않으려 할 것입니다. 부모는 "도대체 뭐가 문제야? 항상 두 손 놓고 아무것도 안 하잖아. 대체 왜 그러는 거야?" 하고 묻습니다. 그러면 아이는 '아무것도 안 할 거야. 밥도 먹었고 잠도 잤어. 난 여기 난롯가가 편하고 좋아. 그러니까 아무 대꾸도 안 할 거야'라고 생각합니다. 이 정도 되면 진짜 문제라고 할 수 있습니다.

우리는 아이를 바꾸는 것이 아니라 아이의 기질을 더욱 바람직한 방향으로 다듬어야 합니다. 어떻게 하면 우울질을 다듬어 지나치게 자기중심적이 되지 않도록 할 수 있을까요? 치우치지 않고 균형 잡힌 우울질 아이는 매우 열중해서 탐구하는 모습을 보입니다. 우울질 아이는 사물을 깊이 들여다보며, 목표를 향해 나아가기를 주저하지 않습니다. 우울질을 이해하는 열쇠는 그들이 자신의 능력을 더 많이 깨닫도록 하는 것입니다. 최상으로 다듬어진 우울질 아이는 어떤 문제도 포기하지 않습니다. 우울질의 자기중심성은 이렇듯 몰두하고 탐구하며 믿음직스럽고 희생하는 모습으로 바뀔 수 있습니다.

점액질 아이는 게을러지기 쉽습니다. 항상 앉아 있으려 하고, 감자 칩이나 파스타 먹는 걸 너무 좋아해서 몸을 움직인다든지 초롱초롱한 상태를 유지하는 게 어렵습니다. 하지만 이런 경향을 극복하고 점액질의 긍정적인 면을 북돋아 준다면 성실한 아이가 될 것입니다.

다혈질은 다듬어지지 않은 다이아몬드와 같습니다. 깊이가 없어 보이지만 그 이면에는 세상에 대한 엄청난 관심이 놓여 있습니다. 여섯 살에서 열네 살 사이에 이런 다혈질 성향이 적절히 다듬어진다면 긍정적인 특성이 될 것입니다. 다혈질 아이는 사회성의 본보기입니다.

예를 하나 들어 보겠습니다. 세라는 제가 영국 학교에서 가르쳤던 아이입니다. 아침 등굣길이면 세라가 뛰어와 재잘거리곤 했습니다. "존을 위한 초를 준비하셨어요? 오늘 개 생일이잖아요. 그리고 그거 아세요? 병원에 입원한 아이가 있어요. 아, 참! 그 얘기 들으셨어요?" 교실에 들어갈 때까지 저는 모든 소식을 다 듣습니다. 저는 항상 세라에게 감사의 말을 전했습니다. 이 아이는 학급 사교 활동의 중심이었습니다. 파티나 나들이가 있을 때 세라는 무슨 일이 일어나고 있고, 또 그것을 어떻게 조직하면 될지 정확히 알고 있었습니다. 다혈질 아이는 조직력이 있는데, 그것이 밖으로 확연히 드러나지 않는 경우도 있습니다. 깊이가 없고 산만해 보이는 것이 사회성 면에서는 자산일 수 있습니다.

담즙질 아이는 한번 부정적이 되면 굉장히 부정적입니다. 화를 폭발시키고 파괴적이 된다는 점에서 그렇습니다. 담즙질 아이가 화를 터뜨리면 가족들은 벌벌 떱니다. 리처드가 교실에 있을 땐 뭔가 굉장한 일이 벌어집니다. 리처드가 결석을 하면 그날은 학급 전체가 여느 때와 약간 다른 분위기를 풍깁니다. 교사의 입장에서 담즙질 아이는 눈엣가시 같은 존재일 수 있습니다. 이 아이를 어떻게 다뤄야 할지 종종 의문이 들고, 때때로 '이 녀석 정말 혼 좀 나 봐야겠군'이라고 생각하게 됩니다. 하지만 담즙질 아이는 늘 화낼 거리를 찾아다니기 때문에 이 아이의 화에 더 이상 기름을 붓지 않는 게 중요합니다.

담즙질 아이에게 다가가는 방식은 친구가 되는 것입니다. 나들이나 놀이를 계획할 때 담즙질 아이들을 한쪽으로 데려가 이렇게 말합니다. "아주 어려운 도전을 하려고 하는데, 너희가 이걸 해낼 수 있을지 잘 모르겠구나. 진짜 어려운 거야." 담즙질 아이는 쉬운 일에 흥미를 잃는다는 사실을 기억하시기 바랍니다. 일단 도전 정신을 북돋아야 이 아이들의 협조를 끌어낼 수 있습니다. 아이들은 기꺼이 도와줄 것입니다. 담즙질 아이들의 지지를 얻느냐 얻지 못하느냐에 따라 이 아이들은 희생적인 지도자나 지지자가 될 수도, 독재자나 훼방꾼이 될 수도 있습니다.

기질과 싸우는 대신 기질과 함께하는 것이 얼마나 중요한지 이제 이해하기 시작하셨을 것입니다. 교사는 늘 교실 속에 아이들의 기질에 부합하는 활동을 배치해야 합니다. 저는 담즙질 아이들을 제 오른편에 두고 다혈질 아이들은 왼편, 곧 출입문 가까이에 둡니다. 다혈질 아이들이 너무 소란스러워진다 싶으면 "이런, 분필이 다 떨어졌네. 가서 분필 좀 가져다주겠니?"라고 말합니다. 아이들이 달려 나갔다 다시 교실에 돌아왔을 땐 수업의 상당 부분이 지나간 뒤이고, 이 아이들은 무언가를 놓쳤다는 생각에 다시 수업에 집중합니다. 우울질 아이들은 교실의 어두운 구석 칠판 가까운 곳에 두는데, 이 아이들은 거기서 교실 앞쪽에 앉아 있는 재미있는 친구들을 관찰할 수 있습니다. '쟤는 뭘 하고 있는 거지? 쟤가 진짜 저걸 알까? 브리태니커백과사전이 더 많이 알고 있겠지.' 점액질 아이들은 교실 뒤편 창문 가까운 곳에 둡니다. 구급차가 사이렌 소리를 내며 들어와도 이 아이들은 "무슨 일이 일어났는지 알고 있어"라고 말할 뿐 그대로 앉아 있습니다. 다혈질 아이들이 창문에 줄줄이 붙어 있을지라도 말입니다.

저는 이 기질의 차이를 아주 극적인 방식으로 알게 되었습니다. 30명이 넘는 5학년 아이들의 학급을 맡고 있을 때였습니다. 미술 수업 시작 전 작은 의식을 행한 뒤● 어떤 아이들은 종이를 나눠 주고, 어떤 아이들은 종이를 물에 적셔 나무판 위에 놓고 스펀지로 닦는 일을 하고 있었습니다. 몇몇 아이는 붓과 물감을 나눠 주고 있었지요. 모든 일이 순조롭게 진행되었습니다. 교실 한가운데에는 물이 담긴 큰

● 발도르프 학교에서는 수업을 시작하기 전에 작은 의식을 행한다. 미술 수업 시작 전에 가슴에 손을 모으고 시를 외운다. "색으로 가득 차 밝게 빛나며 / 저기 놀라운 빛의 다리가 놓였네. / 빨강과 주황, 노랑과 초록 / 일찍이 본 적 없는 가장 고운 빛깔이어라. / 파랑과 남색 그리고 신비한 보라까지 / 하늘에서 땅 위까지 걸쳤네."

양동이가 하나 있고, 그 옆에 빈 양동이가 놓여 있었습니다. 조용히 그림을 그리다가 필요할 때마다 더러워진 물을 깨끗한 물로 바꾸기 위한 것이었습니다.

그러던 어느 금요일에 일이 터졌습니다. 커다란 물 양동이가 엎어진 것이었습니다. 엄청난 양의 물이 쏟아졌고, 교실은 온통 물바다가 되었습니다. 우울질 아이들은 어떻게 했을까요? 일어나서 물바다 속에 서 있었습니다. 다혈질 아이들은 곧바로 의자 위에 올라서 소리쳤습니다. "으, 이게 뭐예요?" 담즙질 아이들은 대걸레와 양동이를 가지러 달려 나갔습니다. 점액질 아이들은 어떻게 했을까요? 믿기지 않겠지만 그대로 의자에 앉아 물이 닿지 않도록 발을 들어 올렸습니다. 제 인생에서 가장 훌륭한 교훈을 얻은 순간이었습니다.

속편이 있습니다. 저는 담즙질 아이들과 다혈질 아이들이 물바다를 정리할 수 있으리라 생각하지 않았습니다. 그래서 밖으로 데리고 나가 이 아이들과 놀이를 시작했습니다. 아수라장을 정리하는 일은 점액질 아이들에게 맡겼고, 아이들은 그 일을 잘 해냈습니다. 20분이 걸렸지만 말끔하게 치웠지요. 점액질 아이들은 놀라운 실용성을 가졌습니다. 우울질 아이들은 한동안 서 있다가 놀이를 함께했습니다. 이 아이들은 치우는 일보다 놀이에서 더 편안함을 느꼈습니다. 같은 상황에서 아이들이 보인 다양한 반응은 기질을 이해하는 데 정말 큰 도움이 되었습니다.

다른 예를 들어 보겠습니다. 연극을 한다면 여러분은 학생의 기질에 따라 배역을 정해야 합니다. 담즙질 아이에게는 율리우스 카이사르 역을, 다혈질 아이에게는 전령을 맡깁니다. 그러면 아이는 신이 나서 소식을 들고 들락날락할 것입니다. 우울질 아이는 철학적인 역할을 좋아합니다. "왜 율리우스 카이사르는 3월의 가운데 날에 암살당했을까요? 유리한 건 뭐였고, 불리한 건 뭐였을까요?"라고 물을 것입니다. 이와 달리 점액질 아이는 연극의 중심에서 벗어나 생각할 수 있는 역할을 좋아합니다. 로마제국 시대에는 소식이 빨리 전해지지 못했습니다. 영국 같은 변방까지 소식이 전달되는 데 수개월이 걸렸지요. 점액질 아이에게는 멀리 떨어진 나라에서 소식을 기다리고 있는 역할이 이상적입니다.

아이의 기질에 맞는 역할을 부여하다 보면 희극적인 부분은 우울질 아이에게 돌아갈 것입니다. 우울질 아이는 세상에서 가장 뛰어난 희극배우이기 때문입니다. 가장 좋은 예가 찰리 채플린과 마르셀 마르소●입니다. 다혈질 아이는 이 역할을 멋지게 해낼 수 없겠지만, 훌륭한 구경꾼이자 모방꾼인 우울질 아이는 모든 몸짓과 기교를 정확히 몸에 익

● 1923-2007, 프랑스의 유명한 팬터마임 배우.

혀 결과적으로 뛰어난 희극 장면을 연출합니다.

역사, 지리, 과학 같은 수업을 할 때에도 기질을 고려해야 합니다. 셈하기의 경우, 점액질은 덧셈같이 거듭되는 활동을 좋아합니다. 우울질은 뺄셈에 끌립니다. 곱셈은 다혈질, 나눗셈은 담즙질에게 맞습니다. 3학년 때 사칙연산을 종합한 이야기를 활용할 수 있습니다. 이를 통해 아이들은 자신이 가장 좋아하는 연산을 발견하고 동시에 다른 연산들의 진가를 깨닫습니다.

오케스트라에서도 기질마다 아이들이 연주하고 싶어 하는 악기가 다릅니다. 담즙질은 북을, 다혈질은 바이올린과 오보에를, 우울질은 바순과 첼로를 좋아합니다. 점액질은 조율하거나 이것저것 할 필요 없이 항상 준비가 되어 있어 언제든 연주하고 싶을 때면 연주할 수 있는 피아노 같은 악기를 좋아합니다.

발도르프 학교에서 음악교육은 리코더로 시작합니다. 그런 다음 개별 악기를 배우고 연습하지요. 최종적으로는 담임 과정과 상급 과정의 작은 오케스트라에 참여합니다.[*] 어떤 악기가 아이에게 적합하다고 생각하는지 부모님에게도 의견을 묻습니다. 주된 목표는 아이들에게 음악이 즐거운 경험이 되도록 하는 것입니다. 부모님과 상담하며 아

●일반적으로 바이올린이나 첼로 같은 개별 악기는 3학년에 시작하고, 어떤 악기를 연주할지는 2학년 말에 선택하는 것이 좋다. 5학년이 되면 교실에서 작은 오케스트라를 만들어 공연하기도 한다. 담임 과정과 상급 과정의 오케스트라는 좀 더 규모가 크다.

이가 집에서 보이는 기질에 대해서도 더욱 잘 이해하게 됩니다.

모든 기질은 다른 기질과 완전히 분리되지 않고 서로 섞여 있습니다. 색상환에서 이런 혼합이 어떻게 이루어지는지 볼 수 있지요. 어떤 아이가 담즙질, 우울질, 다혈질, 점액질에만 해당된다고 말하는 것은 잘못입니다. 보통 한두 가지 기질이 우세한데, 이를 알아차려 좋게 다듬을 수 있다면 아이의 삶은 좀 더 조화로워질 것입니다. 아이에게 어떤 기질, 예를 들어 담즙질이 우세하다면 아이를 진정시키고 좀 더 자신의 내면을 들여다볼 수 있도록 아이 안에 우울질적인 면을 장려해야 합니다. 그러나 담즙질 아이는 대체로 일정 부분 다혈질이기도 해서 다혈질의 활달함 또한 보입니다. 반면 우울질 아이는 점액질의 물 같은 면뿐 아니라 담즙질의 불 같은 면도 가지고 있습니다. 담즙질 - 점액질 또는 우울질 - 다혈질처럼 완전히 상반된 기질을 동시에 가지고 있는 경우는 드뭅니다.

기질을 이야기할 때 기본적으로 아이들은 모두 다혈질이라는 점을 기억해야 합니다. 다혈질은 아동기의 기질입니다. 모든 아이는 경이로움과 세상을 탐험하고자 하는 열정으로 가득 차 있습니다. 담즙질은 미래를 내다보고, 우울질은 과거를 돌아보는 경향이 있듯이 다혈질은 자기 밖의 현재를 즐기고, 점액질은 자기 안을 들여다보는 방식("배도 부르고 잠도 잘 잤어. 그래서 지금 참 편해")으로 현재를 응시하고 싶어 합니다.

어떤 과목을 가르칠 때 우리는 이처럼 서로 다른 음영과 색깔들을 조화시키려 노력합니다. 우울질 아이는 교실에서 모든 아이가 서로 다르게 반응한다는 사실을 불현듯 알아차리고는 상황에 반응하는 다른 방식들을 깨닫기 시작합니다. 다혈질 아이는 우울질 아이가 항상 심각한 질문을 던진다는 것을 깨닫고는 '글쎄, 난 심각한 질문 같은 것도 없고 행복할 뿐이야. 만약 이러면 어떨까라는 생각을 한 번도 해본 적이 없네'라고 생각합니다. 이렇게 되면서 교실 안에서 공감이 생기기 시작합니다. 우울질 아이는 다혈질 아이가 얼마나 활동적인지를 보고 그들의 활기를 놀라워합니다. 이렇게 학급 안에서 상호보완적인 활동들이 생겨납니다. 여섯 살에서 열네 살 시기에 아이들은 다른 기질을 인정하는 법을 배우고 고유한 개인이 될 준비를 합니다.

10대는 다듬어지지 않은 자신의 기질을 더 이상 계속 가져가기 힘들다고 느끼는 시기로 접어듭니다. 아이들은 스스로 무언가를 해야만 한다고 느낍니다. 노련한 담임교사는 아이들이 자신의 기질을 인정하고 조화시키도록 돕습니다. 루돌프 슈타이너는 바로 이 점 때문에 초창기의 발도르프 학교 교사들에게 어둠 속의 배관공이 되어야 한다고 말했습니다. 슈타이너는 교사가 다양한 상황 속에서 이 기질들이 어떻게 작용하는지에 대한 감각을 키워야 한다고 강조했습니다.

교사와 부모로서 이 네 가지 기질을 마음속에 품는다면 여러분은 세상에 대한 새로운 인식을 얻게 될 것입니다. 그리고 자신의 기질이 아닌 다른 기질의 관점으로도 세상을 볼 수 있게 됩니다. 그것이 색상환의 요지입니다. 파랑 속에서만 살면 노랑이나 초록에 대한 개념을 갖지 못한 채 곤궁해지고 말 것입니다. 부모와 교사로서 우리는 새로운 방식으로 세상을 볼 수 있는 엄청난 기회를 갖고 있습니다. 비판을 통해서가 아니라 기질을 고려함으로써 다른 특징들을 조화시키도록 아이를 이끌 수 있습니다. 학년이 올라가면 우리는 아이들과 함께 이런 접근법에 대해 토론할 수 있고, 아이들은 기질에 대한 이해를 지닌 채 학교 문을 나설 수 있습니다. 기질론은 각 발달단계에서 아이의 영혼과 고유성을 이해하고자 하는 심리학의 새로운 발걸음입니다.

3장

아이의 고유성을 발견하는 법

부모와 교사로서 우리는 아이들을 바라보며 예언가적 통찰력을 키워야 합니다. 지금까지 30년이 넘는 시간 동안 제가 그랬던 것처럼 여러분도 아이들을 가르치면서 모든 아이가 하나의 기적이자 선물이며, 전혀 새로운 존재라는 사실 그리고 혼자서는 아무것도 할 수 없는 이 아이가 15년이나 20년 뒤면 어른이 된다는 사실을 깨닫게 될 것입니다.

아이가 태어났을 때 아이의 고유성은 감춰져 있기 때문에 분명히 알 수 없습니다. 여러분에게 뛰어난 예지력이 없다면 갓난아기가 훗날 무엇이 될지 예측하는 일은 불가능합니다. 예컨대 베토벤의 어머니는 자신의 아들이 훗날 뛰어난 교향곡을 아홉 개나 쓰게 될 거라는 사실을 알았을까요? 훌륭한 후기 사중주는 말할 것도 없고요. 이와 비슷하게 모차르트의 부모 역시 그들의 갓난아기가 앞으로 유명한 작곡가가 될 것이며 요절하리라는 사실을 예측하지 못했습니다. 모차르트는 영재였지만 태어날 때부터 그의 음악성이 뛰어났는지는 분명치 않습니다. 어쨌든 우리는 모차르트의 아버지가 후견인으로서 모차르트에게 음악을 가르쳤고, 열심히 연습하도록 어느 정도 강요했다는 사실을 압니다. 모차르트의 아버지는 아들의 재능을 키우는 데 엄청난 지원을 아끼지 않았습니다.

교육은 삶을 위한 준비입니다. 교육에도 협주곡처럼 세 개의 악장이 있습니다. 첫 번째 악장은 가족입니다. 두 번째 악장은 아이가 학교에 들어갈 때 시작됩니다. 아이는 친구와 선생님을 만나며 학교라는 사회에 들어갑니다. 학교는 가족의 확장입니다. 세 번째 악장은 자신의 인생을 향해 나아가는 것입니다.

여러분이 아이였을 때 부모님께 받은 훈육에서 출발해, 인생 전체가 교육이라고 할 수 있습니다. 여러분이 정규교육에 들어가면 그것은 부모님의 훈육과 섞입니다. 세 번째 단계에서 받는 학교교육에는 '자기교육'이 포함됩니다. 열여덟 살에서 스무 살 정도의 젊은이가 "나는 완제품이 아니야. 배워야 할 게 더 많아. 모든 장애물은 내가 누구인지를 새롭게 가르쳐 주는 것이지"라고 말할 때 (인생에서 너무 늦어지지 않기를 바랍니다) 비로소 자기교육이 일어납니다.

재능이 뛰어나고 생산적인 사람은 나이가 들어도 여전히 배울 게 엄청나게 많다는 걸 깨닫습니다. 최근에 제 아내와 저는 잘 알려지지 않은 영국의 작곡가 해버걸 브라이언●

● 1876 - 1972, 영국의 작곡가. 하이든, 모차르트 이후 가장 많은 교향곡을 쓴 사람으로서 1950년대와 1960년대에 수많은 교향곡으로 주목받았다. 그는 80대의 나이에도 열네 개의 교향곡을 완성했으며, 90대 초반에 일곱 개의 교향곡을 더 완성했다.

의 교향곡에 감동받았습니다. 그것은 '고딕 교향곡'Gothic Symphony ● 이었는데, 그가 여든 번째 생일 이후에 작곡한 스무 개의 교향곡 중 하나입니다. 그는 약 7년 전 96세의 나이로 사망했습니다. 90대에 진행한 인터뷰에서 그는 "저는 배워야 할 게 어마어마하게 많아요"라고 말했습니다.

이는 위대한 사람의 특징입니다. 나이를 얼마나 먹었든 "좋아, 난 다 이루었어"라고 끝을 맺는 순간 그 사람의 성장은 멈추게 될 것입니다. 위대한 사람은 지속적인 성장의 중요성을 이해하며, 무언가가 되어 가는 긴장감 속에서 살아갑니다. 우리는 결코 완결되지 않습니다. 오히려 아직 익숙하지 않은 능력과 기술들을 배우는 과정에 있습니다.

사람은 모두 각기 다른 방식으로 삶에 가치를 둡니다. 예를 들어 저는 미국 독립선언문에 적힌 '행복 추구권'이라는 조항에 심각한 문제의식을 갖고 있습니다. 여러분, 어떻게 해야 행복을 추구할 수 있나요? 여러분은 행복을 뒤좇을 수 있습니까? 아니면 행복이 모퉁이를 돌아 달아나기 전에 그것의 목덜미나 머리채를 움켜쥘 수 있나요?

여러분은 행복을 추구할 수 없습니다. 사랑과 열정처럼 행복은 여러분이 하는 일의 부산물입니다. 행복을 뒤좇거나 찾는다면, 대부분 그것을 발견하지 못할 것입니다. 저는 행복 추구가 삶을 준비하는 좋은 방식이라고 말하지 않을 것

● 고딕 교향곡은 파우스트 전설에서 영감을 받아 만들어졌으며 규모가 매우 큰 교향곡 중 하나다.

입니다. 제가 여기서 힘주어 말씀드리고자 하는 것은, 발도르프 교육은 단순히 무언가를 쉽게 할 수 있도록 만드는 것이 아니라는 점입니다. 물론 크레용 그림, 습식수채화, 이야기 들려주기, 연극 만들기, 대수학과 기하학 등 그것이 무엇이든 모든 수업은 다가가기 쉽게 만들어져야 합니다. 아이들이 그 수업과 연결되도록 접근해야 합니다. 그렇다고 해서 배움의 과정이 무조건 쉽게, 아이의 입맛에 맞도록 만들어져야 한다는 말은 아닙니다. 그렇게 하는 것은 아이를 위해서도, 수업을 위해서도 바람직하지 않습니다.

외국어를 배우는 것은 어려운 과정입니다. 여러분은 반드시 프랑스어 문법과 씨름해야 하고, 그것을 바르게 알아야 합니다. 프랑스어를 아무렇게나 말한다면 여러분은 파리에서 무언가를 하기가 무척 어려울 것입니다. 사람들이 말을 잘 못 알아듣는 이유는 여러분의 문법이 틀렸기 때문입니다. 프랑스인은 그들의 언어를 잘못 사용하는 것에 대단히 민감합니다. 영어 억양으로 프랑스어를 말하는 것도 도움이 되지 않습니다.

외국어를 배우는 것과 마찬가지로 발도르프 교육 역시 훈련과 정확한 교육 방법을 강조합니다. 자유분방하고 손쉬운 교육이 아닙니다. 예술적이라고 할 수 있지만, 느슨하거나 아무래도 좋은 방식은 아닙니다. 오히려 엄청난 양의 훈련을 필요로 합니다. 그렇게 의지를 훈련함으로써 아이들은 교실에서 수업을 통해 삶을 준비하기 시작합니다.

가령 여러분이 발도르프 유치원 교실을 들여다본다면, 여러분은 모든 것이 제자리에 놓여 있는 모습을 발견할 것입니다. 그곳에는 종잇조각 하나 굴러다니지 않습니다. 여러분이 우연히 교실을 방문했을 때만 그런 것이 아니라 항상 그렇습니다. 분명히 아이들은 그 교실에서 놉니다. 아이들이 노는 동안 우리는 완전한 무질서를 피하며 '섬세한 혼돈 상태'를 만들고자 노력합니다. 그러나 이 섬세하면서도 명랑한 혼돈 상태가 지나면 반드시 깨끗이 청소하고, 모든 것을 제자리에 가져다 놓아야 합니다.

아이들이 교실에 들어오는 순간부터 의지 훈련이 시작됩니다. 이건 지속적인 일입니다. 주목할 만한 책인 『자유를 향한 교육』●은 전 세계 아이들이 학교에서 하는 작업들을 예시로 보여 주며 발도르프 교육을 그려 냅니다. 예를 들어 기하학 도형이 있는 페이지를 열면 여러분은 정말 완벽하게 그려진 도형들을 발견하게 될 것입니다. 학생들은 자와 컴퍼스를 사용해 완벽하게 원 그리는 법을 배웁니다. 그런 다음 색칠을 하는데, 이 모든 작업은 어느 정도의 훈련을 거쳐야 합니다.

가르치는 모든 과목에서 우리는 그것을 가능한 한 올

● 프란스 칼그렌·아르네 클링보르그 지음, 한국슈타이너교육협
회 옮김, 『자유를 향한 교육』, 섬돌출판사, 2008.

바르고 철저하게 배울 수 있는 방법을 제시하고자 노력합니다. 철저함은 의지를 훈련하는 데서 옵니다. 정서적 참여 역시 학습에 필수적인 요소입니다. 아이들은 모두 깔깔대며 웃는 것을 좋아하고, 슬픈 이야기에 감동받습니다. 특히 우울질 아이는 슬픈 이야기를 몹시 좋아하는데, 이는 그 아이의 기질 때문입니다.

교실에서는 기쁨과 슬픔 사이에 균형이 있어야 합니다. 1학년 때부터 아이들은 동화와 신화, 역사, 역사적 일화를 각색한 이야기 등을 통해 이런 정서를 경험합니다.

우리는 전기biography를 다루는 것이 4학년 이후에 도움이 된다는 사실을 발견했습니다. 역사는 단계적으로 소개됩니다. 저학년은 가장 정신적이고 상징적인 동화와 신화에서 시작합니다. 그리고 우리는 역사적이고 명백한 것, 곧 지금 이곳을 배우기 위해 융이 말한 그 집단 무의식을 떠납니다.

부모님은 아이가 이러한 주제들에 어떻게 완전히, 강력하게 몰입할 수 있는지를 늘 궁금해합니다. 가령 여러분이 7학년이나 8학년 학생들에게 벤저민 프랭클린과 미국의 기원에 대한 이야기를 들려준다면, 여러분은 프랭클린의 묘비명을 떠올릴지도 모릅니다. 인쇄소 견습공이던 20대 초반의 프랭클린은 자신의 묘비명을 인쇄해 친구들에게 나누어 주었습니다.

"여기 인쇄공 벤저민 프랭클린이 묻혀 있다. 오래된 책 표지처럼 그것의 문장과 금박은 벌레들의 먹이가 되어 벗겨지겠지만, 그가 믿었던 것처럼 그의 작업은 사라지지 않을 것이다. 창조자에 의해 교정되고 수정되어 훨씬 더 우아한 판본으로 다시 나타날 것이다."

프랭클린은 여러 해 동안 죽음에 대해 명상했습니다. 그것은 병든 마음이 아니라 위대한 자기 성찰이었습니다. 당시 그는 무척 건강했지만(이후 60년 이상을 더 살았습니다), 미래를 구체적인 방식으로 생각했습니다. 동양 사상에 영향을 받지 않은 채 프랭클린은 온전히 자기 스스로 윤회를 생각해 냈습니다. 이른 나이에 그는 세로줄이 그어진 작은 공책을 앞에 두고 스스로에게 물었습니다. "노력해야 할 가치가 있는 덕목에는 무엇이 있을까?" 그는 플라톤의 이상이나 이미 확립된 그리스도교의 덕목을 따라 하기보다 자기 자신 안에서 답을 찾으려 애썼습니다. 이러한 일화는 프랭클린이 진정 스스로 자신을 만들었다는 것을 보여 줍니다.

프랭클린은 박애, 절제, 예의와 관련된 열세 개의 덕목을 적었습니다. 그런 다음 그는 한 주 동안 이러한 덕목에 반대되는 행위를 한 날을 기록했습니다. 그는 이 사실을 오직 자서전에서만 털어놓았습니다. 70여 년 동안 그는 이것을 전적으로 자기 안에 간직하고 있었던 것입니다. 그는 늘

작은 공책을 들고 다니며 날마다 이렇게 말했습니다. "나는 오늘 예의를 연습할 것이다. 내가 정말로 모두에게 예의 바를 수 있는지 확인할 것이다." 그리고 저녁이 되면 그날의 상황을 돌아보았습니다. 처음에 그는 자신이 성공하지 못했다는 사실을 알았습니다. 성공하지 못했을 때 그는 점검표의 사각형에 검은 점을 찍어 넣었습니다. 그는 자서전에 "내가 이 작은 사각형들 안에서 다른 모든 덕목에 대해 자그마한 빛을 만들어 내기까지는 아주아주 오랜 세월이 걸렸다"라고 썼습니다.

이는 자기교육의 훌륭한 예입니다. 여러분이 이 일화를 7, 8학년 학생들에게 들려준다면, 아이들은 이 이야기에 매우 공감할 것입니다. "이런, 지금껏 나는 온갖 끔찍한 짓을 저질러 왔어. 게다가 그랬다는 사실조차 의식하지 못했어." 그런 다음 여러분은 다른 일화로 넘어갈 수 있습니다. 예를 들어 벤저민 프랭클린은 프랑스 대사 시절 피뢰침을 발명해 판매했습니다. 많은 프랑스인이 이 유례없는 발명품을 구입했습니다. 그런데 피뢰침을 세운 집에서 화재가 발생한 경우가 몇 차례 있었고, 집 주인들은 프랭클린을 고소했습니다. 그는 자신을 방어하기 위해 변호사를 알아보았는데, 어쩌다 보니 로베스피에르●가 그를 변호하게 되었습니다. 로베스피에르는 프랑스혁명에 관여하기 전에 변호사로 일했

● 1758-1794, 프랑스의 변호사이자 정치인. 프랑스혁명과 공포
정치 당시 매우 큰 영향력을 행사했던 인물로 유명하다.

습니다.

그리고 여러분은 프랭클린이 만난 사람들, 가령 라파예트[*]나 워싱턴[**], 그 밖에 영국에서 만났던 다른 저명인사들에 관한 이야기를 계속 들려줄 수 있습니다. 이러한 만남의 이야기 속에서 여러분은 프랭클린이 당대를 어떻게 살았고, 어떻게 미래를 위한 씨앗을 뿌렸는지 알 수 있을 것입니다. 그는 믿기 어려울 정도의 사고력과 엄청난 용기, 고도로 발달된 유머 감각을 지니고 있었습니다. 이것들은 그의 일대기를 생각할 때 잊지 말아야 할 점입니다.

전기를 통해 청소년들은 저명한 이들의 삶에 일체감을 느낄 수 있습니다. 모든 연령의 사람이 던지는 중대한 질문 중 하나는 "나는 누구인가?"입니다. 정체성에 관한 이 질문의 답은 각 나이 때마다 다를 것입니다. 그런데 계속해서 이 질문을 던지지 않는다면, 새로운 해결책을 찾으려 하지 않는다면 여러분은 정체될 것입니다. 유명한 사람들의 삶을 연구함으로써 아이들은 인생에서 선택과 변화를 친근하게 느낄 것입니다.

모든 사람이 (희망컨대 어린 나이에) 던지는 또 다른 중요한 질문은 다음과 같습니다. "다른 사람과 나의 관계는 무엇인가? 내게는 부모, 형제, 삼촌, 이모가 있다. 내게는 친구와 선생님도 있다. 나는 이런 모든 사람과 관계를 맺고 있다.

---

[*] 1757-1834, 프랑스의 군인이자 정치가. 미국 독립 혁명에 참여했다.

[**] 1732-1799, 미국의 초대 대통령.

어떤 사람과는 조화롭고, 어떤 사람과는 싸우기 일쑤다. 어떤 관계는 일시적이고, 어떤 관계는 영원하다. 누군가는 내가 옛날부터 알아 왔다는 느낌이 든다. 또 다른 누군가는 거대한 수수께끼 같기도 하다. 나는 항상 질문한다. 저 사람은 정말 내게 어떤 의미일까?"

우리 모두가 던지는 세 번째 질문은 훨씬 더 심오하고 어렵습니다. "삶의 의미란 무엇인가?" 이러한 질문은 어느 것 하나 단순하게 대답할 수 없고, 냉소적인 반응만으로는 충분치 않습니다. 교육education이라는 말의 의미가 본질적으로 '끌어내다'educere라고 한다면, 이 질문은 중대한 사항으로서 우리에게 제시되어야 합니다. 정체성에 대한 질문, 관계에 대한 질문, 삶의 의미에 대한 질문은 교육과정에 반드시 통합되어야 합니다.

발도르프식 접근에서 우리는 역사와 신화 같은 과목을 의미 있게 연구하며 정체성을 확립합니다. 남들이 지금껏 어떻게 살아왔고, 세상의 여러 곳에서 사람들이 지금 어떻게 살고 있는지를 이해함으로써 (희망컨대 우리 자신을 충족시키기 위해) 우리는 조금씩 "우리는 누구인가?"라는 질문을 해결해 나갈 것입니다.

아이들은 역사의 실제 사례들을 배울 뿐 아니라 학습 내용을 연극으로 만들어 연기하기도 합니다. 예를 들어 5학년은 트로이전쟁에 관한 연극이, 6학년은 로마사에 관한 연극이 적합합니다. 7학년은 미국 혁명처럼 좀 더 가까운 역사를 연극으로 각색합니다.

아이들이 연극을 통해 자신을 그리스인, 트로이인과 동일시하며 느낄 흥분에 대해 잠시 생각해 보십시오. 고대에는 파리스가 헬레네●를 납치한 것 같은 사건이 많았지만 어떤 사건도 이 보복과는 비교할 수 없었습니다. 파리스와 그의 패거리는 자신들이 저지른 납치 사건의 파장에 놀라움을 감추지 못했습니다. 트로이인은 그리스인이 다른 이유를 숨긴 채 전쟁을 벌인다고 생각했습니다.

연극을 통해 아이들은 오디세우스를 지지하게 됩니다. 오디세우스는 헬레네를 되찾으려는 편에 가담하지 않고 거짓으로 미친 척을 합니다. 그러나 그에게 도움을 청하러 온 사람들은 오디세우스가 전쟁에 참여하기를 꺼려 해 미친 척한다는 것을 알아차립니다. 그들은 오디세우스가 쟁기질하는 밭고랑에 그의 아들을 데려다 놓는 방법으로 그를 멈춰 세웁니다. 그리고 자신들과 대화를 하도록 만듭니다. 이미 10년이나 지속된 전쟁에 참여하길 꺼렸음에도, 오디세우스는 '나무로 만든 말'이라는 뛰어난 아이디어를 내놓습니다. 그의 계획에 따르면 트로이인은 속임수에 넘어가 목마를 받아들이고, 목마 안에 숨어 있던 그리스 전사들이 해 질 녘에

● 그리스 신화 속 인물 중 가장 아름다운 여인으로 알려져 있다. 스파르타 왕의 아내로 트로이 왕자 파리스에게 잡혀가면서 트로이전쟁의 불씨가 되었다.

쏟아져 나와 불시에 트로이를 점령할 것이었습니다.

　오디세우스는 독립적으로 사고한 첫 번째 인물이었기 때문에 역사의 흐름에서 극히 중요한 상징성을 가집니다. 한쪽 집단에 가담하기를 거부한 행위 그리고 전쟁을 끝내기 위해 그가 내놓은 해결책은 사려 깊은 용기를 지닌 한 인간을 보여 줍니다. 오디세우스 이전에 생각이란 그야말로 신에 의해 주어지는 것이었습니다. 그리스 역사에서는 어떤 일이 벌어지면 아르테미스나 팔라스 아테나, 아폴로 혹은 그 밖의 다른 신들이 그 일을 책임졌습니다. 그러나 오디세우스와 함께 그리스 역사에 새로운 시대가 열린 것입니다.

　새로운 시대에는 개인의 성찰이 해결책을 제시합니다. 오디세우스가 집을 비운 동안 그의 아내 페넬로페는 구혼자들에게 둘러싸여 있었습니다. 그녀는 구혼자들을 한방에 모아 놓고 양탄자를 완성하면 누구와 결혼할지 결정하겠다고 약속했습니다. 그러나 페넬로페는 구혼자들 모르게 낮 동안 짠 양탄자를 밤에 풀며 오디세우스가 돌아올 때까지 시간을 벌었습니다. 오디세우스의 신실한 짝으로서 페넬로페 역시 더 나은 꾀를 내어 적들에게 맞섰던 것입니다.

　학생들은 연극에서 이 배역들을 연기하며 오늘날 우리의 생각과 그리스인의 생각이 어떻게 다르고 비슷한지, 시대와 상황에 따른 역사적 뉘앙스를 파악하는 힘을 키워 갑니다.

연극을 만드는 일은 단순히 연기를 하는 것 이상이며, 연극을 구성해 보는 경험은 교육적으로 매우 유익합니다. 누군가는 반드시 의상과 배경을 맡아야 하고, 다른 누군가는 조명을 담당해야 합니다. 아이들은 가장 큰 배역을 맡은 사람이 연극에서 가장 중요한 사람은 아니라는 사실을 배웁니다. 연극이 성공하려면 무대 위에서나 뒤에서나 모두가 함께해야 합니다. 좋은 장면이 태만한 조연 때문에 망가질 수 있습니다. 지금까지 적지 않은 연극이 무대배경이 무너지거나 배우의 의상이 벗겨지면서 실패를 맛보았습니다.

연극 제작은 아이들에게 서로 믿고 의지하는 법을 가르쳐 줍니다. 학교 합창단이나 오케스트라 참여도 마찬가지입니다. 현장학습이나 학급 여행을 하며 상호작용이 더욱 촉진됩니다. 학교에 다니는 내내 자기 의존과 상호 의존이 장려되며, 어떤 활동이든 그 그룹의 나이에 맞게 선택됩니다.

발도르프 학교에서 우리는 9학년에서 12학년까지만 성적을 매깁니다. 시합 같은 경쟁competition이 아니라 선의의 경쟁emulation을 장려하는 것입니다. 우리는 아이들이 최선을 다할 수 있도록 열정을 불어넣고자 합니다. 기준은 아이마다 다르지만 중요한 건 그게 아닙니다. 요점은 이렇습니다. "내 입장에서 무얼 할 수 있을까?" "내가 나 자신을 돕듯 다른 사람을 돕기 위해 나는 무얼 할 수 있을까?"

　아주아주 오래전 저희 교실에서 흥미로운 일이 벌어졌습니다. 저희 교실에는 말을 정말 잘 그리는 마거릿이란 여자아이가 있었습니다. 하지만 그 아이는 셈하기를 잘하지 못했습니다. 그리고 토니라는 멋진 남자아이도 있었지요. 이 아이는 셈하기는 뛰어났지만 말을 잘 그리지 못했습니다.

　제가 무슨 일을 했을까요? 역사 주요수업 때마다 저는 마거릿과 토니를 짝으로 붙여 놓았습니다. 마거릿은 어떻게 말을 그리는지 토니에게 보여 주었고, 토니를 각별하게 도와주었습니다. 수학 주요수업 때도 저는 이 아이들을 붙여 놓았습니다. 이때는 토니가 어떻게 셈을 하는지 보여 주며, 마거릿을 가르쳐 주었습니다.

　협력을 통해 두 아이는 놀랄 만큼 서로를 깊이 이해할 수 있었습니다. 그리고 서로를 존중하는 이 분위기가 반 전체의 모범이 되었습니다. 아이들이 자기 자신과 반 친구들의 능력을 깨닫고 서로에게 의지하는 법을 배우면서 비슷한 일이 다양한 방식으로 일어났습니다.

　마거릿과 토니는 지금 스물여덟 살로, 마거릿은 셈하기를 무척 잘하게 되었습니다. 토니는 영국에서 연구자로 지내고 있지만 예술적 능력을 키워 악기 연주를 배웠습니다. 비록 두 아이는 현재 서로 다른 나라에 살고 있으나, 저는 아이들이 5학년 때의 경험을 항상 기억할 것이라고 확신합니다.

이런 경험은 경쟁하기보다 서로서로 보살피는 관계를 맺도록 해 줍니다. 아이들은 종종 "난 너보다 잘해" 혹은 "난 있으나 마나야. 네가 나보다 훨씬 잘하니까"라고 말합니다. 이런 비교는 아이와 반 친구들을 갈라놓을 뿐 아니라 교실의 화합 분위기를 망가뜨립니다. 경쟁은 아이들을 통합하기보다 분열시킵니다. 발도르프 학교에서 우리는 파벌이나 패거리가 생기지 않도록 주의하는 것처럼 학생들 사이에 과도한 경쟁이 벌어지지 않도록 경계합니다. 우리는 아이들이 누군가를 따돌리거나 조롱하는 것을 용납하지 않습니다. 그런 행위는 교사들에게 적신호입니다.

이제 우리는 교육이 다루어야 할 세 번째 중대한 질문에 이르렀습니다. "삶의 의미란 무엇인가?" 이런저런 이유로 우리는 "도대체 나는 왜 세상에 태어난 것일까?"라는 질문을 던집니다. 누군가는 심지어 이렇게 말할지도 모릅니다. "글쎄, 분명한 건 나는 태어날 생각이 없었다는 거야. 전적으로 부모님 책임이지. 나는 태어나고 싶지 않았을 뿐 아니라 내가 어떻게 될지 예상할 수도 없었어. 내가 어찌할 수 있겠어. 그러니까 이게 다 말도 안 되는 일이라는 거지." 이런 생각에 사로잡히면 삶이 단지 농담이나 기괴한 게임 같은 것이라고 결론지을 수 있습니다. 어떤 사람은 스스로 목숨을 끊을 정도로 삶의 허무와 무용함을 겪습니다.

삶의 의미에 대해 질문을 던지며 대안을 찾기 시작한다면 자살의 비극은 피할 수 있을 것입니다. 역사를 가르치는 목적 중 하나가 바로 사람들이 삶을 이해하는 방식에는 여러 가지가 있음을 배우는 것입니다. 때로는 새로운 관점이 답답한 상황을 희망으로 바꾸어 놓기도 합니다. 어쨌든 삶에 접근하는 다른 방식을 발견하지 못했거나 종교조차 없어 자포자기해 버린 사람들은 자기 자신을 어찌지 못할 수 있습니다. 모든 종교에는 하나의 공통된 특징이 있습니다. 인간을 대우주 속의 소우주라고 생각하는 것입니다. 우리는 모두 더 큰 세계 속의 작은 세계라고 느낄 때 위안을 얻습니다. 1940년대에 몇몇 신학자가 신이 죽었다는 터무니없는 말을 했습니다. 사실 그들은 "우리가 갖고 있던 신의 개념이 죽었다"고 말했어야 합니다. 이것이 조금 덜 뻔뻔스럽습니다. 신이 죽었다고 말하는 것은 상상력의 실패입니다. 왜냐하면 신의 개념 없이는 신성한 힘을 이해할 수 없기 때문입니다. 그렇게 되면 우리는 우리 마음의 좁은 틀에 갇혀 버리게 됩니다.

여러분은 즉각 반박할지 모릅니다. "그건 믿음의 문제일 뿐입니다"라고요. 하지만 그렇지 않습니다. 우리를 둘러싼 자연의 모든 곳에서 우리는 신성한 믿음의 증거를 발견합니다. 우리는 "누가 이걸 만들었지?"라고 물어봐야 합니다. 이로써 어떤 인간도 풀잎이나 저녁노을, 별, 빗방울 등을 창조한 적이 없다는 사실이 명확해집니다. 경이로운 자연의 아름다움과 양극단의 힘들의 존재 속에서 우리는 단순한 열운동이나 분자운동 이상의 무언가를 파악할 수 있습니다.

교육의 가장 중요한 측면 중 하나가 경이감을 불러일으키는 것입니다. 발도르프 학교에서 우리는 가능성을 축소하거나 부정하는 방식이 아니라 확장하고 관심을 기울이는 방식으로 이러한 작업을 진행하고자 합니다. 화학, 생리학, 물리학, 동물학 같은 분야에는 생각할 거리가 많습니다. 여러분은 과학에 물질적이고 기계적이며 수학적인 측면으로 접근할 수 있습니다. 자연을 단순히 힘의 차원으로 축소해 본다면 말입니다. 여러분이 원한다면 17세기 이후 우리의 사고에 영향을 미친 현대의 유물론적 과학에서 벗어나 정서적인 측면을 추가할 수도 있습니다.

예를 들어 다윈이 어떤 과정을 거쳐 결론에 도달했는지를 9학년 때 배우는 것은 아주 중요합니다. 다윈은 인간이 유인원에서 진화했다고 말하지 않았습니다. 그 개념은 다윈 이후에 나왔습니다. 우리가 다윈의 삶에 대해 연구한다면, 식물과 동물을 바라보는 그의 관찰력, 전 세계를 항해하며 그가 보았던 현상들, 그것들에 대한 그의 반응을 배우게 될 것입니다. 그의 삶에 친숙해질수록 우리는 "그래, 맞아. 현대의 진화 이론은 다윈에게서 나온 거야"라고 말할 수 없을 것입니다. 그렇게 간단하지 않습니다.

11학년 아이들은 음극선관과 원자론을 배우고, 이와 관련된 과학자들에 대해서도 연구합니다. 아이들은 아무도 원자를 본 적 없다는 사실을 알게 될 것입니다. 실험을 통해 과학자들은 특정한 반응들을 관찰했고, 그 반응들을 설명하려고 모델이나 가설을 세웠습니다.

청소년은 반드시 경험과학과 이론과학의 차이를 알아야 합니다. 이론은 과학자마다 서로 다르고, 어떤 현상을 설명하는 데 실패하기도 합니다. 이론은 과학적 모순이 발생할 때 수정됩니다.

예컨대 지구가 얼마나 오래됐는지를 다루는 지질학 연대기는 최종적인 것이 아닙니다. 안내서에는 초보자도 이해할 수 있도록 딱 떨어지게 적혀 있지만 과학자들은 이 문제가 보편적 진리처럼 축약될 수 없음을 압니다. MIT의 배너바 부시●는 몇 년 전 경제 전문지 『포천』에 아주 흥미로운 글을 실었습니다. "우리는 과학자로서 '왜?'라는 질문에 답할 수 없다. 다만 '어떻게?'라는 질문에 답할 수 있기를 바랄 뿐이다."

● 1890 - 1974, 미국의 전기공학자이자 아날로그컴퓨터의 선구자로 MIT에서 교수로 일했다.

저는 모든 걸 이 문제와 연관 지어 왔습니다. 왜냐하면 삶의 의미에 대한 답에 도달하는 것이 얼마나 어려운 일인지를 보여 드리기 위해서입니다. 이 질문은 교과서로 해결할 수 없고, 과학적 사실이나 인물을 암기하는 것으로도 해결되지 않습니다. 답은 오직 자기 자신의 의식을 탐구하며 조금씩 발견할 수 있을 따름입니다. 그것은 실로 어마어마한 성장의 과정입니다.

발도르프 학교에서 우리는 과학 탐구를 '성배 원정의 이야기'로 보충하기도 합니다. 이 이야기는 단계적인 원정에 대한 생각을 분명하게 합니다. 여기서 '단계적'이라는 말은 '한 계단씩' 밟아 오르는 것을 뜻합니다. 삶에서 매우 심도 깊은 질문들에는 신속하게 답을 할 수 없습니다. 그것은 개별적 탐구를 포함하는데, 답을 찾는 데 수십 년이 넘게 걸릴지도 모릅니다. 게다가 우리는 오직 가설만 세울 뿐, 그 질문의 답을 끝내 찾지 못할 수도 있습니다. 그러나 우리는 질문을 던지는 과정에서 우리의 경험을 통해 배웁니다. 그로 인해 생기는 변화는 그 자체로 우리 질문의 답이 됩니다.

청소년에게 "나는 누구인가?", "다른 사람들과 나의 관계는 무엇인가?", "삶의 의미는 무엇인가?"라는 세 가지 본질적 질문에 답할 도구가 주어진다면 그리고 청소년이 학교에서 보내는 12년 또는 14년의 시간 동안 이 질문들을 의식하고 열정적으로 탐색할 의지가 생긴다면 저는 그들이 삶을 준비할 수 있도록 우리가 무언가를 했다고 말할 것입니다.

교육의 목표는 행복 추구나 높은 연봉에 있는 것이 아닙니다. 오히려 교육은 아이가 삶에 부딪혔을 때 적절히 대처할 수 있는 내적 끈기와 융통성의 발달에 있습니다. 이 목표는 가장 현실적인 방식, 곧 실용적이면서도 실현 가능한 폭넓은 교육과정을 통해 달성되어야 합니다.

발도르프 학교에서 과학, 예술, 인문학은 모두 중요한 역할을 합니다. 우리는 교양과목을 충실히 가르치고, 모든 과목을 통합하기 위해 노력합니다. 어떤 학급도 다른 과목과 관련 없이 공백 상태가 되지 않도록 가르칩니다. 모든 과목을 가르치며 각 과목을 서로 연결시킴으로써 우리는 아이들이 단계적으로 삶의 중요한 질문들에 답할 수 있도록 준비시킵니다.

정리하면, 어린아이들은 바깥쪽에서 출발한다고 할 수 있습니다. 피부는 본질적으로 감각기관입니다. 안테나처럼 밖으로 나와 있습니다. 갓난아기는 그저 입으로 젖을 빨아 먹을 뿐 아니라 세상 모든 것을 '빨아 먹습니다.' 여러분이 문을 쾅 닫는다면 갓난아기는 온몸으로 반응할 것입니다. 아기는 감각기관 그 자체와 같습니다. 단계적으로 성장하며 아이는 주변부에서 중심부로 움직임을 옮겨 갑니다. 세 살 된 아이는 이 변화를 '나'라는 말로 드러냅니다. 자기를 일컬어 '나'라고 말할 때 아이는 "나는 여기 있고, 세상은 저기 있다"라고 말하는 것입니다.

열여덟 살에서 스물한 살이 되면 우리는 의식을 점점 더 자기 자신에게 집중합니다. 이 흐름이 지속되어 서른다섯 살이 되었을 때 의식은 고도로 경계가 뚜렷해집니다. 당연히 이때가 삶의 전환점입니다.

고도화 과정에서 우리는 더욱더 우리의 자아를 인식하게 됩니다. 그러나 우리는 자아와 세계의 균형 또한 이루어 내야 합니다. 인생을 지루해하고 자기만의 세계에 빠져드는 어린 학생은 자기 생각도 없이 무조건 세상의 문제에 빠져 버리는 사람만큼이나 비극적입니다. 인간은 누구나 자신의 세계관을 잃지 않은 채 자아를 찾아야 합니다. 발도르프 교육은 지리 수업이 그러하듯 여러 과목을 통합해 자아와 세계 사이에 리듬을 형성할 수 있도록 합니다. 세계와 그에 대한 우리의 정서적 반응을 적어 나간 표현으로서 언어와 문학이 그렇듯 지리학은 땅에 표현된 것geo-graphia 또는 지구의 물리적 특징에 대해 설명합니다.

발도르프 학교에서 우리는 아이들이 배우는 것은 모두 가슴을 통과해야 한다고 믿습니다. 무언가를 하고자 하는 충동은 가슴을 통해 올라옵니다. 그리고 의지와 행위를 통해 이해가 따라옵니다. 그래서 아이들은 사고, 감정, 의지 속에서 우리가 가르치는 수업에 감화를 받습니다. 아이들 은 "내가 누구지?", "다른 사람들과 나의 관계는 무엇일까?", "삶의 의미는 뭐야?" 같은 엄청난 수수께끼에 단계적으로 답하고자 노력하며 그 답을 조금씩 발견해 나갑니다.

4장
아이에게 책임감을 길러 주는 법

최근 수십 년 동안 우리는 환경과 인간의 관계를 근본적으로 변화시켜 왔습니다. 세계 모든 지역에서 사람들은 점점 더 인간이 지구에 책임을 져야 한다는 사실을 알게 되었습니다. 환경보호론자와 생태운동가는 지구가 더 이상 인간을 감당할 수 없다고 경고하며 환경오염과 자원 고갈에 반대하는 운동을 시작했습니다. 갈수록 사람들은 우리의 음식이 더 건강한 환경에서 자라고 생산될 수 있다는 사실 역시 알게 되었습니다. 고래와 버펄로를 포함해 멸종 위기에 처한 동물들의 생명을 보호하고 보존하는 일 또한 대중의 관심을 끌고 있습니다.

오늘날 많은 사람이 지구가 회복되어야 한다고 주장합니다. 오직 자연보호를 통해서만 지구가 되살아날 수 있다고 말합니다. 그러나 많은 영리 세력이 이러한 인식에 반대합니다. 개발주의자는 지구를 자원의 풍부한 공급처로 여길 뿐, 우리의 걱정이나 관심은 무시합니다.

뉴욕 동물원협회 회장으로 일했던 페어필드 오즈번은 1950년대 초 『우리의 약탈된 행성』Our Plundered Planet과 『지구의 한계』The Limits of the Earth라는 주목할 만한 책을 썼습니다. 그는 이 책들에서 자연이 지금보다 더 많은 것을 인간에게 베풀어 줄 수 있지만, 땅을 지나치게 훼손하는 등 인간이 자연에 미친 악영향을 돌이킬 수 있을지는 의심스럽다고 주장했습니다. 오즈번은 이러한 모든 것이 결국에는 "마음을 변화시키는 일"에 달려 있다고 말합니다.

1930년, 거대한 건조지역인 미국 중서부의 어두운 하늘은 불길한 예감으로 가득 찼습니다. 비옥했던 토지는 메마르고 황량하게 변했습니다. 오로지 사적 이익만을 위해 열심히 땅을 개간해 온 농부들이 생명체로서의 땅을 보살피는 일, 곧 윤작을 하거나 거름을 내어 퇴비로 만드는 일 등에 실패한 것입니다.

제사장인 왕이나 파라오가 이끈 고대 문명에서는 지구가 계절로 스스로를 표현하는 생명체임을 알았습니다. 지구가 해, 달, 별과 맺고 있는 관계 그리고 파종의 계절과 수확의 계절에 관한 의식이 있었던 것입니다. 자연의 강력한 힘이 인간의 일에 초대받지 못해 참여할 수 없다면, 지구는 어떠한 결실도 맺지 못할 것입니다.

그리스인은 데메테르 여신●과 그의 딸 페르세포네●●가 해와 달의 회합 속에서 생장하는 지구의 모든 현상을 돕는다고 이야기했습니다. 아시아, 유럽, 북아메리카 대륙의

● 농업과 결혼, 사회질서의 여신.
●● 제우스와 데메테르의 딸. 하계(지옥)의 신 하데스에게 끌려가 그의 아내가 됨으로써 하계의 여왕이 되었다.

고대인들은 파종이나 수확을 할 때 신의 협력을 기도하고 기원했습니다. 한 해의 전환점에서는 커다란 축제가 거행되었습니다.

미카엘 축제(9·29)는 수확의 축제이자, 쟁기질하고 새 씨앗을 심는 등 새로운 시작을 위한 축제였습니다. 눈과 얼음 아래 놓인 씨앗이 훗날 싹이 틀 것을 약속하고, 별이 반짝이는 길고 고요한 밤이 새로운 탄생을 알릴 때면 동지 축제로 고요한 내부의 전환을 기념했습니다. 춘분 축제는 자연의 부활을 기뻐하는 것이었습니다. 생장의 모든 힘은 풀과 나무, 벌레, 동물 들 속에서 커 갔습니다. 그리고 인간 역시 새롭게 얻은 생명력과 활력을 기뻐했습니다.

한여름에 열리는 성 요한 축제(6·24)는 자연이 이제 정말로 풍요롭게 생산하고, 곧 수확이 시작될 것임을 불로써 선언하는 것이었습니다. 농부들은 자신의 노동이 땅이 필요로 하는 것의 절반에 지나지 않는다는 사실을 직관적으로 알고 있었습니다. 농작물이 풍성해지려면 자연의 강력한 힘에서 지원을 얻어야만 합니다. 물의 요소는 비와 이슬에서, 공기의 요소는 산들바람과 구름에서, 불의 요소는 햇빛과 온기에서, 땅의 요소는 흙의 올바른 조화에서 지원을 얻어 내야 합니다.

고대 페르시아인에 관한 흥미로운 기록이 있습니다. 농

업의 창시자로 여겨지는 그들은 황금빛 칼날이라 불리던 쟁기가 태양신 아후라 마즈다에게 받은 것임을 감지했습니다. 아후라 마즈다는 그것을 자라투스트라에게 맡겨 어둠의 힘 속에 빛을 가져가 땅을 비옥하게 만들었습니다.

고대 문명은 인간과 자연의 관계, 인간과 우주의 관계에 대해 알고 있었습니다. 그러나 물질주의가 성장하면서, 특히 15세기 이후로 지구가 섬세한 생명체라는 생각을 하지 않게 되었습니다. 급격한 토양 침식과 오염의 증가, 인공비료 오남용, 무분별한 토지 개발 등으로 인해 최근 몇 년간 새로운 의식이 생겨났습니다.

이와 함께 지구의 전체성과 통일성 그리고 이 행성에 거주하는 인간으로서 우리 모두가 서로에게 더욱더 의존하게 된다는 사실 또한 알아차릴 수 있었습니다. 이러한 인식은 더디게 이루어져 왔으며, 사실상 500년 역사의 결실이라고 할 수 있습니다. 콜럼버스(1451-1506)의 항해 이후 사람들은 비로소 지구가 정말로 둥글다는 사실을 받아들이기 시작했습니다. 첫 번째 세계 일주는 1519년에서 1521년 사이에 이루어졌습니다. 1577년에서 1580년 사이에 이루어진 프랜시스 드레이크 경의 항해는 지구가 둥글다는 사실을 더욱 확실히 했습니다. 1600년에 와서는 지구의 49퍼센트가 알려졌습니다. 대략 1800년에 이르러 지구의 83퍼센트가 발견되기까지 200년이라는 시간이 걸렸습니다. 이후 우리는 대륙 전체에 관해 상당히 정확한 지식을 얻게 되었습니다. 하나로서의 지구를 경험한 것은 인류 역사에서 극히 최근에 속합니다.

이것이 발도르프 교육과 어떻게 관련될까요? 대부분의 학교에서는 지리 수업을 그다지 중요하게 다루지 않지만 발도르프 교육과정에서는 지리가 핵심 교과입니다. 지리 geography라는 낱말의 뜻을 두 어근으로 나누어 살펴보지요. 가이아gaea는 지구, 그라피아graphia는 글을 의미합니다. 지리는 실제로 '지구라는 문장을 해독하는 법'을 배우는 과목입니다. 이제 우리는 이렇게 물어볼 수 있습니다. "이 글은 어떻게 자신을 드러내는가?" "저 문장의 신비로운 글자들은 대체 무엇인가?"

그 글자들은 바위이고 식물이며 동물이고, 산과 호수, 강, 여러 대륙의 지형입니다. 사실 우리가 감각으로 지각하는 모든 것이 지리학의 일부입니다. 우리가 보고 듣고 만지고 맛보는 모든 것이 이런 엄청난 문장의 일부인 것입니다. 오염 때문에 환경을 감지하는 우리의 능력이 손상되고 자연자원이 고갈되는 것, 이 또한 지리학의 일부입니다. 이처럼 넓은 의미에서 지리 수업은 12년 교육과정 전체의 자연과학을 조화시키고 종합합니다.

발도르프 교육과정의 다른 모든 과목과 마찬가지로 지리는 저학년에서 상상력을 통해 다뤄집니다. 유치원 아이들에게는 꽃, 풀, 나무 등으로 다가가며, 교실이나 야외에서 식물을 키우고 가꾸는 일이 권장됩니다. 이런 일은 지구가 아낌없이 베푸는 모든 것에 경이로움과 감사함을 느끼게 해줍니다. 자연을 소재로 한 이야기는 아이가 살고 있는 땅과 아이의 관계를 더욱 돈독하게 합니다.

3학년에는 농사 수업이 있습니다. 이 수업 시간에는 농부가 농작물과 가축을 키우며 얼마나 계절에 의존하는지를 배웁니다. 농사 수업을 하는 동안 아이들은 농장을 방문해 쟁기질을 하고 파종을 합니다. 버터를 만들고 빵 만드는 일도 해 봅니다.

4학년이 되면 수업에 지역의 역사와 지리가 도입됩니다. 베이 에어리어●의 발도르프 학교에서 4학년 아이들은 그 지역의 지리적 형태를 배웁니다. 또한 그곳에서 있었던 스페인, 중국, 러시아 이주민들의 정착 과정에 대한 역사를 배우지요. 아이들은 엄청나게 비옥한 캘리포니아에 대해서도 배웁니다. 우리는 아이들에게 그림지도를 그리고 색을 칠하게 하며, 이로써 나중에 지도책을 공부할 수 있도록 준비시킵니다. 왜냐하면 그림을 그리고 색을 칠하는 행위를 통해 아이들이 자기가 사는 곳을 더욱 친숙하게 느끼기 때

● 샌프란시스코의 만안(灣岸) 지역.

문입니다. 단순히 인쇄된 지도를 보여 줄 때보다 아이들은 더 많은 것을 간직하게 될 것입니다.

학년이 올라감에 따라 지리 과목을 발전시켜 갈 때, 우리는 우리가 서 있는 이곳에서 시작해 점점 주변으로 확대해 나갑니다. 미국 학생이라면 5학년 때 북아메리카 대륙을 중점에 두고 공부할 것입니다. 발도르프 학교가 있는 장소에 따라 국가와 대륙의 선택이 달라지는데, 슈투트가르트나 베를린의 학생이라면 독일의 지리를 중점으로 배울 테지요. 북아메리카 대륙은 아주 크고 다채롭기 때문에 미국 학교에서는 6학년 때까지 학습을 진행합니다.

6학년에서는 유럽과 아시아를 지리 수업에 추가하고, 동양과 서양의 양극성을 조사합니다. 7학년에서는 남미와 아프리카를 중요하게 다룹니다. 8학년에서는 오스트레일리아와 뉴질랜드에 대해 공부하고, 학년 말까지 전체 세계를 다룹니다.

지리 수업은 학년마다 한 번에서 두 번 3, 4주의 주요 수업으로 진행됩니다. 수업 중에 교사는 그 지역에 사는 사람들 그리고 그들이 독특한 환경에 어떻게 대처하는지를 강조합니다. 예를 들어 학생들은 정글, 스텝(대초원), 고산지대, 바다에서 산다는 것이 무엇인지, 장마나 극심한 가뭄이 찾아오면 그들은 어떤 마음으로 살아가는지에 대해 배웁니다.

이처럼 학생들은 세계 곳곳의 사람들에게 영향을 미치는 환경과 기후의 유형을 배우는 것입니다.

이런 식으로 학생들은 세계 여러 지역의 토지와 자원에 관해 차근차근 알아 갑니다. 어떤 지역은 석유나 철, 석탄이 풍부하게 나고, 또 다른 지역은 막대한 양의 금이나 다이아몬드를 공급합니다. 어떤 나라는 고무와 커피, 차를 생산하고, 또 다른 곳에서는 밀과 곡물이 재배됩니다. 학생들은 학년이 올라갈수록 무역과 상품의 교환이 얼마나 중요한지 알게 됩니다. 상급 과정에서 아이들은 기득권층이 만든 협소한 민족주의를 극복하고, 이해와 상호 협력의 형제애를 마음속에 그리는 법을 배웁니다.

우리의 현실이 위기인 것은 분명합니다. 특히 중동 지역에는 민족적 이기주의와 기득권 의식이 팽배해 있습니다. 인류애는 아직 갈 길이 멉니다. 그럼에도 세계적으로 민족적 편견과 대중을 향한 억압을 줄이는 긍정적 조치가 많이 취해지고 있습니다. 이것은 진보의 척도입니다. 이 머나먼 여정을 가르치면서 지리 수업은 성장하는 아이의 사회의식을 크게 자극하는 동시에 지구의 섭리와 풍요에 대한 감사의 마음 또한 자극할 수 있습니다.

발도르프 교육의 매우 중요한 측면 중 하나는 아마 수학, 역사, 지리, 물리, 화학 등 과학과 인문학 분야를 '분리해 가르치지 않는다'일 것입니다. 모든 과목은 그것에 담긴 지적 내용과 별개로 가슴의 능력과 관련되어 있습니다. 예컨대 지리는 감사의 마음을 갖는 촉매제가 될 수 있습니다.

해당 학년 수업에서 학생들은 탐험가와 함께 여행을 떠납니다. 각기 다른 기후대와 그 지역의 다양한 동식물을 탐구하며 전 세계를 발견합니다. 9학년이 되면 한 명의 담임교사가 아니라 각 과목의 전문교사에게 수업을 받습니다.●
따라서 9학년이 지질학을 공부할 때는 1914년에 제시된 베게너●●의 대륙이동설을 다룹니다. 지도에서 아프리카와 남아메리카를 비교해 보면 그것들은 마치 지그소 퍼즐의 두 조각처럼 보일 것입니다. 그 둘을 합치면 하나의 거대한 땅덩어리가 됩니다. 이 이론은 다른 대륙에도 적용됩니다. 유럽과 북아메리카까지 합치면 비어 있는 한 조각을 발견하게 될 것입니다. 베게너는 이것이 바로 고대인들이 말한 잃어버린 대륙, 곧 '아틀란티스'의 존재를 정당화한다고 믿었습니다. 베게너의 이론이 나오기 전까지 아틀란티스는 신화로 간주되었습니다. 그러나 베게너의 이론이 과학계에서 신뢰를 얻으며 잃어버린 대륙은 좀 더 가능성 있는 이야기로 받아들여졌습니다. 베게너의 이론에 대해 토론하면서 학생들은 신화와 실재라는 사고의 양쪽 기원에 관여하게 됩니다.

● 발도르프 학교에서는 8학년까지 담임교사 한 명에게 주요수업을 받지만, 상급 과정인 9학년부터는 각 과정의 전문교사와 주요수업을 한다.
●● 1880-1930, 독일의 지구과학자, 기상학자.

베게너의 초대륙 '판게아'

　　루돌프 슈타이너는 상급 과정의 지리 수업에서 지구의
지형학을 깊이 다루어야 한다고 강조했습니다. 남북을 달리
는 산들과 동서를 달리는 산들은 서로 교차합니다. 플라톤
은 "우주의 영혼은 지구의 교차점을 관통해 있다"●라고 말

● 이 말은 우주의 생성 원리에 관한 책 『티마이오스』에 나오는 문
장이다. 플라톤에 따르면 우주의 신체인 지구는 불과 흙 그리고
물과 공기로 정교하게 형성되어 있으며, 그 중심(교차점)에 우주
의 영혼이 관통해 있다.

한 바 있습니다.

9학년은 지질학의 단계로서 시생대와 고생대, 중생대와 신생대 그리고 규석과 석회석 등으로 이루어진 지구의 다른 층들을 연구합니다. 각 지층은 자신이 어떻게 형성되었는지를 알려 줍니다. 화성암은 용융 상태가 언제 고체 상태로 바뀌었는지를 말해 주며, 퇴적암의 크기와 결정, 무늬 등은 퇴적물을 침전시킨 강물의 세기와 방향에 대해 말해 줍니다. 학생들은 암석과 퇴적물로 이루어진 지층을 조사함으로써 지질학적 역사의 관점에서 지구를 이해하기 시작합니다.

10학년은 지구를 형태상 온전한 것으로 간주하고 이러한 연구를 계속합니다. 학생들은 지수화풍地水火風의 요소가 어떻게 육지를 형성하고, 그 힘이 어떻게 비바람과 화산 폭발, 지진 등을 일으켜 지형을 변화시키는지 살펴봅니다. 또한 10학년은 육지와 바다에서의 바람의 흐름, 곧 무역풍과 계절풍, 멕시코만류의 난류 효과●, 태평양 연안을 따라 흐르는 한류에 대해서도 배웁니다.

10학년은 섬에 살거나 내륙지역에 산다는 것이 무엇을 의미하는지에 대한 개념 또한 배웁니다. 예를 들어 학생들은 온대 사막과 열대 사막의 차이, 아마존 분지와 콩고 분지 같은 적도 정글 지역들 간의 차이에 대해 조사합니다. 그리

●● 이로 인해 대서양에서 허리케인이 발생한다.

고 적도가 가로지르는 인도네시아의 수마트라섬과 보르네오섬 등 아시아 지역에 대해서도 공부하지요. 기후 지역이 특별히 다뤄지며 학생들은 기후가 거주지와 그 토지에 미치는 영향을 주제로 토론합니다. 예컨대 고지대의 기후가 일상생활에 어떤 영향을 주는지 고민해 볼 수 있습니다.

11학년은 역사 속에서 지구가 점점 어떻게 변해 왔는지를 그림으로 그려 가며 지도 제작의 역사를 공부합니다. 학생들은 그리스인이나 중세인이 지구를 어떻게 인식했는지 궁금해합니다. 이를테면 알 이드리시가 12세기 말에 완성한 아라비아 지도에 대해 생각해 볼 수 있습니다. 이 직사각형 모양의 지도에는 그리스에서 유래한 위도와 경도가 표시되어 있지만, 북극과 남극이 뒤집혀 있습니다.

11학년은 알 이드리시의 지도와 13세기의 그리스도교 지도인 틸버리의 게르바지우스가 그린 지도를 대조해 볼 수 있습니다. 게르바지우스는 TO 지도를 그렸습니다. T자 모양의 수직선은 지중해를 가리키고, 수평선 왼쪽은 흑해, 오른쪽은 나일강, 가운데의 교차점 바로 위는 예루살렘을 가리킵니다. 큰 O가 주위에 그려져 있으며, 윗부분은 아시아를 나타냅니다. 오른쪽 아래는 아프리카, 왼쪽 아래는 유럽입니다. 중세 시대에 널리 보급된 이 독특한 지도는 꼭대기가 머리, T의 수평선 양쪽 끝이 두 손, 수직선 끝이 두 발입

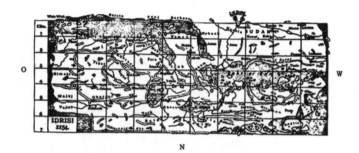

O · W

N

알 이드리시의 지도. 발터 로지엔이 만든 '엡스토르퍼 세계지도'에서.

틸버리의 게르바지우스가 그린 지도. 발터 로지엔의 '엡스토르퍼 세계지도'에서.

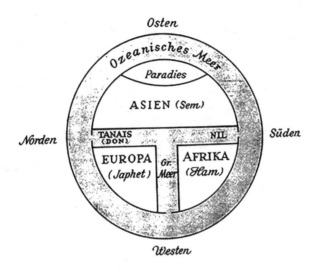

세비야의 이사도레가 만든 TO 지도(17세기).
발터 로지엔이 만든 '엡스토르퍼 세계지도'에서.

니다. 틸버리의 게르바지우스는 지구를 상징적인 그리스도의 몸으로 표현한 것입니다.

TO 지도는 신비주의적인 도표로서, 당시 사람들 사이에 깊고 넓게 퍼져 있던 신념을 보여 줍니다. 한편 알 이드리시의 아라비아 지도는 실용적인 그림입니다. 덕분에 길을 잘못 든 여행자가 땅 위에서 자신이 가야 할 길을 찾을 수 있었습니다. 중세의 신비주의적인 지도는 점차 사라졌습니다. 나중에 나온 메르카토르● 지도 그리고 더욱 실용적인 또 다른 지도들은 아라비아의 전통을 따른 것이었습니다. 이러한 실용적인 지도 덕분에 15세기 말에서 16세기 초에 대규모 탐험이 이루어졌습니다. 학생들은 지상의 다양한 지질학적 형태와 입체 구조를 공부할 때 (삼각법을 사용해) 원뿔과 원기둥, 그 외의 여러 형태를 작도하고 계산하는 법을 배웁니다. 발도르프 학교에서 교사는 각 과목을 분절된 단위로 가르치기보다 과목의 주제를 중심으로 통합하려 애씁니다.

지도 제작은 학생들을 12학년으로 이끕니다. 12학년에서는 지리의 종합적 측면을 검토하고 지리를 역사, 종교, 광물학, 식물학, 동물학 등의 다른 분야와 연결합니다. 학생들은 세계 여러 지역의 지리에서 경제적인 측면을 검토하고, 오늘날 중국의 역할이라든지 지난 50년간 아프리카의 개발 같은 현대적 문제를 다루는 프로젝트 수업을 준비합니다.

12학년은 지리의 사회적 함의 외에 여러 나라의 자원에 대해서도 연구합니다. 예컨대 면화, 비단, 양모 생산국을 나타내는 세계지도를 만들 수 있습니다. 금, 우라늄, 다이아몬드, 철, 광물 등의 위치를 나타내는 지도를 그릴 수도 있지요. 전 세계의 에너지원을 정확히 보여 주는 지도도 가능합니다. 학생들은 자원의 공급과 수요 간의 관계를 연구하

● 1512-1594, 네덜란드의 지리학자로 근대 지도학의 창시자.　　　103

며 모든 나라, 모든 사람이 서로 어떻게 돕고 의지하며 살아가는지 배웁니다. 학생들은 인종이나 종교적 신념의 차이가 있음에도 인간은 서로 연결되고자 한다는 것 그리고 공통된 욕구가 있다는 것을 인식하게 됩니다.

12학년에서는 인류의 미래와 지구에 대한 인간의 책임에 관해 근본적인 질문들을 던지며 교육과정을 종합할 수 있도록 격려합니다. 이것은 교육과정의 정점으로서 만약 발도르프 학교 저학년 과정에서 자연에 대한 경이로움과 아름다움, 감사함이라는 감각이 길러지지 못했다면 일어날 수 없었을 일입니다.

19세기의 위대한 시인이자 과학자인 노발리스의 말처럼 "우리는 하나의 사명에 종사합니다. 우리는 지구를 형성해 나가야 합니다." 사실 인류는 우리가 살아가는 이 지구를 형성해 가는 일에 매우 큰 책임이 있습니다. 어떤 과정을 거치느냐에 따라 인류를 건강 혹은 질병, 진보 혹은 파멸로 이끌 것입니다. 인류의 성패를 좌우하는 이 일이 성공하느냐 실패하느냐는 젊은 세대의 협조에 달려 있습니다. 그들은 과연 시련에 맞설 수 있을까요? 젊은이들에게 앞날은 종종 암담해 보일지 모르지만 그들의 신념과 헌신은 지구의 형성에 매우 중요한 역할을 할 것입니다.

발도르프 교육, 그중에서도 특히 지리 수업은 인간으로

서 우리가 우리를 감당해 주는 지구에 책임이 크다는 사실을 지속적으로 깨우쳐 주는 일입니다. 실제로 자연은 놀라운 현상을 펼쳐 보이며 우리 인간에게 서로를 더욱 사랑하고 생명에 대한 책임감을 키우기를 요구하는 듯합니다.

5장

아이에게 자아로 향하는 길을
안내하는 법

역사 이야기가 아이의 성장과 발달에 중요하다는 사실에는 대부분의 사람이 동의할 것입니다. 아이든 어른이든 좋은 이야기에 마음이 끌리는 것은 똑같습니다. 세계문학의 걸작에도 『일리아드』, 『오디세이』, 『길가메시 서사시』, 『바가바드기타』, 단테의 『신곡』처럼 훌륭한 이야기가 많습니다. 셰익스피어는 매력적인 이야기를 창작하기 위해 헨리 5세와 헨리 8세 같은 역사적으로 유명한 인물에게 의존하기도 했습니다.

어린 시절부터 동화와 이야기를 풍부하게 듣고 자란 사람은 운이 좋다고 말할 수 있습니다. 우리 몸에 양분을 주는 음식처럼 동화는 우리의 영혼을 살찌우는 양식입니다. 동화나 전설, 신화 없이 자란 아이는 겉으로는 그렇게 보이지 않을지 몰라도 속은 궁핍하기만 합니다. 왜 그럴까요? 이러한 이야기가 인간의 발달에서 매우 심오한 무언가를 보여 주기 때문입니다. 모든 동화는 등장인물의 성장을 따라갑니다. 주인공은 모방으로 시작해 일련의 시련과 시험을 거친 뒤 목표를 달성하고 장애를 해결합니다.

지난 100년 동안, 신화가 우리의 문화유산과 불가분의 관계에 있음을 증명하는 연구가 많이 있었습니다. 예컨대 융은 영혼 활동의 전조로 나타나는 신화에서 집단 무의식을 증명했습니다. 신화 속의 신들과 모든 상징적 인물은 우리 내면에 살아 있으며 이후 삶의 즐거움을 위한 정서적 원천이자 풍부한 상상력의 원천이 되어 줍니다.

발도르프 학교의 교육과정은 역사의 진보를 강조합니다. 아이들과 함께 첫 8년을 보내는 담임교사는 먼 옛날부터 시작된 역사의 전체 과정을 펼쳐 보입니다. 엄격히 말하면 전설과 신화는 역사가 아닙니다. 특정 시간이나 현재 확인 가능한 장소와 관련이 없기 때문입니다. 예를 들어 우리는 발할라Valhalla●를 여행하며 그곳을 고대 북유럽 전설 속의 신화와 비교할 수 없습니다. 하지만 우리는 역사 이전, 곧 신화와 전설의 세계를 소개함으로써 역사를 올바르게 인식하는 법을 가르칠 수 있습니다. 역사 수업은 오래되고 상상력이 풍부한 이야기를 반복적으로 들려주며 시작됩니다.

그리스 신화에 관한 해박한 지식 없이 그리스 역사를 이해하기란 불가능합니다. 왜냐하면 비교적 가까운 시기인 기원전 5, 6세기경까지 역사적 사건에서 신이 중요한 역할을 했기 때문입니다. 가령 페르시아와 전투를 벌일 때 그리스인은 아테나가 그들과 함께 있다고 믿었습니다.

●북유럽 신화에서 오딘이 사는 곳.

여러분은 아테나의 탄생 이야기를 기억하실 겁니다. 제우스는 끔찍한 두통에 시달렸습니다. 고통을 줄여 주고자 다른 신이 도끼로 제우스의 머리를 열었고, 그의 머리에서 완벽하게 옷을 차려입은 아테나가 튀어나왔습니다. 아테나는 강력한 힘과 지성을 지녔으며, 엄청난 영향력을 발휘했습니다.

그리스인이 아테나에게 의지한 이유는 곧이어 플라톤이나 아리스토텔레스처럼 위대한 철학자들의 시대가 올 것이라고 보았기 때문입니다. 철학자들은 논리학과 사색하는 법을 발전시켰고, 지혜와 지식을 무척 사랑해서 그것들을 책으로 남겨 보존하고자 했습니다. 이 철학자들은 아테나에게서 영감을 얻었습니다. 아테나 덕분에 그리스인은 그들의 작은 나라를 수백만 명에 달하는 페르시아인의 침략에 저항할 만큼 강력하게 발전시킬 수 있었습니다. 이는 쉬운 일이 아니었습니다. 그리스는 혈연관계도 아닌 완전히 이질적인 집단으로서, 서로 싸우기 일쑤인 여러 개의 도시국가로 구성되어 있었기 때문입니다.

그리스인이 페르시아를 물리칠 수 있었던 이유는 예리한 통찰력과 재치, 깊은 사유 덕분이었습니다. 이러한 것들은 그리스인에게 문명의 탄생과 예술의 탄생, 시의 탄생 같은 현재 우리 문명에서 발견되는 수많은 탄생을 가져다주었습니다. 극장theatre이나 물리학physics처럼 오늘날 과학과 예술 분야에서 쓰이는 많은 단어가 그리스어에서 나왔습니다.

그리스인은 새로운 것들을 제시했습니다. 그들은 4원소, 식물학, 동물학, 물리학, 시론 그리고 다른 여러 지식을 가져왔습니다. 그러나 이러한 지식은 신과 신성한 세계가 없었다면 나타나지 못했을 것입니다.

여러분은 역사가 어떻게 신의 세계에서 나오는지 알 수 있습니다. 스스로 발 딛고 서기 위해 인간은 점차 신의 영향력과 영감, 도움의 손길을 뿌리치며 신의 세계에서 벗어났습니다. 다른 차원에서 우리는 물질의 영역, 곧 지상의 영역과 감각의 영역으로 내려오며 어떤 일이 벌어졌는지 알고 있습니다. 내적 자아를 획득하는 감각의 세계에 내려오면서 인간은 더욱 자기중심적이고 자유로우며 독립적인 존재가 되었습니다. 그러면서 영감을 통한 지식, 직관, 신과의 연결을 점차 잃어 갔습니다.

여러분은 1, 2학년 학생들이 천상●과 맺고 있는 관계를 엿볼 수 있습니다. 그리고 이것이 3학년과 4학년까지 어느 정도 이어집니다. 5학년에서는 고대 인도와 페르시아에서 시작해 고대 이집트, 바빌로니아를 거쳐 고대 그리스의 탄생, 초기 로마에 이르기까지 폭넓은 역사를 다룹니다. 5학

● 천상은 지상과 물질세계의 반대 개념으로 정신세계를 뜻한다. 발도르프 교육에서는 정신세계의 존재를 인정한다. 인간이 고유한 과제, 곧 카르마를 갖고 천상과 지상을 오가는 걸 윤회라고 한다.

년 학생들은 트로이 이야기, 이시스와 오시리스 이야기, 아리만의 영역인 끔찍한 어둠에 대항하기 위해 빛의 세계에서 지상에 온 자라투스트라의 이야기를 좋아합니다. 아이들은 크리슈나가 아르주나를 설득해 전투로 이끄는 이야기도 무척 듣고 싶어 합니다. 발도르프 교육에서 역사 수업은 이렇게 아이의 발달과 나란히 이루어집니다.

이야기와 신화로 역사를 가르치는 한편 우리는 세상을 바라보는 또 다른 방식을 알기 위해 노력합니다. 우리는 카르마와 윤회의 개념을 염두에 둡니다. 이러한 개념 없이, 계급제도에 대한 지식 없이 『바가바드기타』를 이해할 수 없습니다. 이집트인이 존엄한 죽음을 위해 살았다는 사실에 초점을 두지 않고는 이집트에 대해 논할 수 없을 것입니다.

발도르프 교사는 역사적 맥락을 전달할 뿐 설교하지 않습니다. 예를 들어 교사는 이집트인이 피라미드와 사원을 지어 그들의 종교를 어떻게 표현했는지, 죽음의 순간 강을 건너 오시리스를 만나러 가는 여행을 어떻게 준비했는지를 하나의 상像으로 창조할 수 있습니다. 이집트인에게 일생이란 윤회를 하며 잃어버렸던 존재와 재결합하기 위해 준비하는 과정이었습니다.

이집트나 바빌로니아 시대부터 차례로 이어지는 창조 이야기에서 우리는 비유적 표현, 회화, 시, 선화線畵, 연극적 요소 같은 공통의 실마리를 발견합니다. 모든 문명 간의 유사점을 인식하면서 아이들은 탄생과 죽음을 향한 또 다른 관점과 태도에 더욱 열린 자세를 갖게 됩니다.

고대 인도인에게 죽음은 문제가 되지 않았습니다. 『바가바드기타』에서 우리는 멋진 구절을 발견합니다. "죽음이란 무엇인가? 그것은 낡은 외투를 버리는 것이다. 탄생이란 무엇인가? 그것은 새로운 외투를 입는 것이다." 그리스인은 죽음에 대해 또 다른 시각을 가지고 있었습니다. 그들의 격언 중에 이런 것이 있습니다. "저승 세계의 왕보다 지상의 거지가 되는 것이 더 낫다." 이 격언은 현재의 삶이 죽음 이후의 삶보다 더 매력적이라는 뜻을 함축하며, 죽음에 대한 두려움을 암시합니다. 이전 문명은 삶을 오직 죽음의 준비로 여겼습니다.

그리스 시대가 종말을 향하면서 사람들은 영혼과 신체가 모순된다는 생각을 언어로 표현하기 시작했습니다. 그들은 신체와 정신을 각각 별개의 독립체로 보았습니다. 발도르프 교육과정에서 우리는 이 개념을 6학년 말에서 7학년 초에 소개합니다. 이는 아이들이 신체적으로 급격한 성장을 경험하는 시기와 맞아떨어집니다. 몸이 극적으로 변하면서 아이들의 마음은 신체의 성장을 따라가지 못하고, 그에 따라 아이들은 신체와 영혼이 분리되어 있다는 그리스식 개념을 경험하게 됩니다. 그런 다음 아이들은 그리스와 로마 문명을 공부하며 유대교와 기독교의 근원을 이해합니다.

처음에 아이들은 오직 "나는 누구인가?"라는 질문에만 관심을 갖습니다. 만약 우리가 각자 고유한 존재가 아니라면 또는 유일한 무언가를 갖고 있지 않다면 이 질문이 무슨 의미가 있을까요? 우리에게는 형제와 자매, 부모, 이모, 삼촌, 조카 등이 있습니다. 우리는 특정 민족에 속해 있고, 특정한 나라의 국민입니다. 이처럼 가족, 민족, 국가와 관계를 맺고 있음에도 저마다 우리는 내면에 유일무이하고 매우 특별한 무언가를 가지고 있습니다.

자신의 고유성을 인지할 무렵 아이들은 로마사 수업의 한가운데에 놓입니다. 우리는 아이들에게 자기만의 고유한 표현 방식을 갖춘 훌륭한 작가들을 소개합니다. 헤로도토스는 이미 그리스 시대에 이런 특성을 보여 주었지만, 플루타르코스와 다른 이들은 전기물을 장려하고 세련되게 만드는데 전념했습니다. '전기'biography라는 말은 '인생에 대한 글'을 뜻하는 그리스어 'biographia'에서 유래했습니다. 우리는 모두 각자 하나의 전기를 갖고 있습니다. 우리는 저마다 인생이라는 책을 써 나가고 있는 것입니다.

7학년과 8학년에서는 과거의 역사와 현재의 관계를 고려합니다. 현대사상의 원천은 무엇일까요? 현대 의식의 뿌리는 어디에 놓여 있을까요? 우리 문화의 기원을 찾으려면 얼마나 멀리 거슬러 올라가야 할까요?

9학년 학생들에게 역사를 개관할 때마다 저는 이런 질문들을 새롭게 던집니다. 그러고는 학생들에게 현대사회에 가장 큰 영향을 준 인물을 한 명 꼽아 보라고 말합니다. 남자일 수도 있고 여자일 수도 있습니다. 정치인이나 시인, 작가, 음악가일 수도 있지요. 아이들이 중요하다고 생각하는 사람이라면 누구나 가능합니다. 저는 후보자가 지명될 때마다 칠판에 그 이름을 적습니다. 히틀러, 처칠, 스탈린을 포함해 놀랄 만한 이름이 모입니다. 어느 날 한 아이가 율리우스 카이사르의 이름을 말하자 반 아이들이 웃음을 터뜨렸습니다. 제가 아이들에게 왜 웃느냐고 묻자 "왜긴요, 카이사르는 현대 인물이 아니잖아요"라는 답이 돌아왔습니다. 저는 율리우스 카이사르의 이름을 말한 아이에게 왜 카이사르를 꼽았는지 물었습니다. 아이는 이렇게 답했습니다. "카이사르는 이미 독립적인 인물이었으니까요."

율리우스 카이사르는 현대적 인물의 선구자였습니다. 여러분은 카이사르의 배가 침몰했을 때 그가 임무를 완수하기 위해 얼마나 독립적으로 행동했는지 기억하실 겁니다. 그는 파도 위로 군사 문서를 든 손을 뻗고 다른 한 손으로 헤엄을 쳤습니다. 자신이 살해당할 것이라는 예언도 묵살했습니다. 그는 자신의 운명은 자신이 결정할 것임을 천명했습니다.

죽음과 역경에 맞선다는 것은 비교적 현대적인 주제입니다. 이전의 문명에서는 죽음을 전생으로의 회귀로 보았고, 이는 피하기보다 반기는 것이었습니다. 16세기에 접어들면서, 최초의 위대한 신교도Protestant 얀 후스●가 알려졌습니다. 신교도는 아니지만 저항자protester였던 잔 다르크는 놀라운 용기를 보여 주었습니다. 그녀는 계속해서 자신이 신성한 세계라고 부르는 것에 닿아 있었습니다. 그러나 그녀의 주변 사람들은 그녀에게 나타난 천사장 미카엘이나 성 마거리트의 음성을 필요로 하지 않았습니다. 그녀의 승리와 용기 있는 행위는 유럽 역사에서 하나의 전환점이 되었습니다.

잔 다르크가 미친 영향은 프랑스와 영국을 독립된 민족국가로 갈라놓았습니다. 이때부터 민족의식이 발달했지요. 유럽의 여러 나라가 프랑스와 오스트리아, 독일과 이탈리아처럼 서로 다른 민족국가로 분리되었습니다. 신성로마제국이 여러 개의 국가로 분리된 것은 현대 역사에 속합니다.

또 다른 현대의 개념은 15세기 말에 시작되었습니다. 그즈음 사람들은 지구를 하나의 전체로 인식하기 시작했습니다. 콜럼버스와 바스쿠 다 가마의 발견 이전에 사람들은 지구가 하나의 덩어리라는 증거를 갖고 있지 않았습니다. 대중은 지구가 편평하다고 믿었습니다. 콜럼버스의 신대륙 발견, 아프리카와 인도를 도는 바스쿠 다 가마의 항해 이후 지구가 둥글다는 사실은 더 이상 질문거리조차 되지 않았습니다. 새로운 육지가 계속 발견되면서 사람들은 멀리 떨어진 곳도 가깝게 느끼기 시작했고, 공동의 인류라는 생각 또한 갖게 되었습니다.

각각의 세기는 역사에 새로운 주제를 더합니다. 고유한 개인의 탄생을 통해, 개별 국가로의 분리를 통해, 경제적 자원의 사용을 통해, 지구의 선물 또는 기술의 발전을 통해 태동하려 했던 힘들이 풀려났습니다. 이러한 변화는 새로운 사회 양식을 요구했고, 새로운 사고방식을 낳았습니다. 낡은 사고방식과 행동은 더 이상 유효하지 않았으므로 새로운 방식을 찾아야만 했습니다.

역사를 보면 많은 시기가 앞선 시대에서 영감을 얻었습니다. 르네상스 시기의 이탈리아에서는 그리스 고전주의가 재탄생했습니다. 그러나 미켈란젤로, 라파엘로, 피치노●, 로렌초 데 메디치는 회화와 철학에서 그리스 전통을 되살렸을 뿐 아니라 여기에 새로운 요소를 더했습니다. 라파엘로와 레오나르도 다 빈치는 최초로 초상화와 자화상을 그렸는데, 이것은 개별 인격을 표현하는 수단이 되었습니다.

● 1433-1499, 르네상스 시대 이탈리아의 대표적 철학자로 플라톤주의의 중심인물.

15세기 말, 북유럽에서는 뒤러, 그뤼네발트, 보슈 등이 나타나 르네상스 예술가들이 시작한 전통을 계승하고 발전시켰습니다. 16세기에 에라스뮈스, 루터, 칼뱅 등은 종교개혁과 인본주의의 성장에 기여했습니다. 인본주의자는 자연이나 종교보다 인간에 초점을 둠으로써 르네상스에 자극을 주었습니다. 종교개혁가는 성경을 교황의 영향에서 벗어나 독자적인 방식으로 해석할 권리를 요구하며 자기표현의 개념을 종교로 확장시켰습니다. 종교개혁은 로마 가톨릭교회의 권위가 가장 강할 때 권위에서 자유로워지고자 하는 욕망의 표현으로 발생했습니다.

그다음 세기에는 더 큰 다툼이 벌어졌습니다. 30년전쟁 동안 유럽은 종교적 격변에 의해 산산조각 났습니다. 영국은 제임스 1세의 통치 아래 갈등에서 벗어나 있었지만 독일, 오스트리아, 스웨덴, 프랑스는 싸움에 휘말려 들었습니다. 많은 순례자가 유럽에서 거부당한 종교의 자유를 찾아 신대륙으로 향하는 배에 올랐습니다. 새로운 땅을 거듭 발견하고 식민지를 건설했습니다. 신대륙(남·북아메리카)은 급속하게 발전했지만 여전히 유럽에 종속되었고, 바다 건너로부터 통치를 받았습니다.

그러한 시대에 렘브란트는 늙은 남녀의 초상을 그렸습니다. 그가 젊은 여자와 아이를 거의 그리지 않았다는 사실은 주목할 만합니다. 그는 늙음 속에서 영원한 것을 찾았습니다. 이것이 우리가 렘브란트의 초상화를 보고 깊이 감동하는 이유입니다. 다른 훌륭한 그림들을 떠나 그는 자신의 예술 작업 속에서 자아를 탐구했습니다. 스물한 살에서 예순세 살 사이에 렘브란트는 자신의 초상화를 그리고 또 그렸습니다. 거울을 이용해 믿기 힘들 만큼 정직하게 자기 자신의 이미지를 만들어 냈습니다. 그는 거울 속의 '자신'을 이해하려 애썼습니다. 20대 초반에는 그림을 위해 얼굴을 찡그리고 뒤틀었습니다. 그는 자신만의 표현 방식을 연구해 캔버스 위에 구현하고자 했습니다. 이후 수많은 시련을 겪고 난 뒤에는 굳이 얼굴을 찡그리지 않아도 되었습니다. 렘브란트는 그 시대에 오늘날의 소외와 분리를 그려 냈던 것입니다. 그의 생각은 시대를 앞섰기에 살아생전 그의 그림은 이해받지 못했습니다.

렘브란트가 서른다섯 살일 때 그의 아내가 아기를 낳다 사망했습니다. 아들과 함께 남겨진 그는 엄청난 고통을 느꼈습니다. 이 절망적인 시기에 그는 자신의 고유성을 획득하기 위해 그리고 '살아 있다'는 감각을 계발하기 위해 믿을 수 없을 정도의 분투를 시작했습니다. 렘브란트는 관습에 얽매이지 않은 사람이었습니다. 가르침을 받기 위해 스승을 찾아 나서지도 않았습니다. 그는 홀로 공부했습니다.

더 놀라운 것은 그의 종교관이었습니다. 그의 관점은 교회에 다니며 생긴 것이 아니라 날마다 성경을 묵상하면서 생긴 것이었습니다. 그는 성경을 읽으며 점차 어떤 사건에 관심을 갖게 되었고, 그것을 관습에서 벗어난 자기만의 방식으로 그렸습니다. 그는 몇 번이나 무덤에서 일어난 나사로와 십자가에 못 박힌 예수상을 그렸습니다. 매번 주제에 독창적인 무언가를 더했습니다. 그에게 믿음이란 직접 신을 체험하는 것보다 중요하지 않았습니다. 그것은 그가 바울의 태도에서 열렬히 찾은 것이었습니다.

17세기에는 "죽느냐 사느냐, 이것이 문제로다"라는 햄릿의 대사가 울려 퍼졌습니다. 햄릿은 수많은 시련을 견뎌 낸 사람으로 묘사됩니다. 그의 아버지는 살해당했고, 그는 신뢰하기 어려운 유령을 계속 만납니다. 유령의 말이 사실인지 알아보려고 그는 하나의 실험을 고안해 냅니다. 그래서 "왕의 양심을 붙잡기 위한" 극본을 만들고, 그것은 '연극 속 연극'이 됩니다.

1600년과 1700년 사이에 과학의 시대가 시작된 것역시 빼놓을 수 없지요. 수학과 천문학, 물리학, 화학, 생물학에서 위대한 발견들이 현대 기술의 근간을 형성한 시기였습니다.

18세기의 주제는 이성과 혁명이었습니다. 이성이 성장

하고 지성으로 문제를 해결해 나가는 와중에 민족국가가 탄생했습니다. 이성과 지성의 정신은 곧 군주제에도 적용되었습니다. 사람들은 능력보다 출생에 기초한 계급제도의 가치에 의문을 품기 시작했습니다. 그리스는 모방할 만한 민주주의의 선례를 제공했습니다. 미국에서는 외국의 군주제에 대한 불만이 생겨났고,● 이는 미국 혁명으로 이어졌습니다. 그리고 이것이 프랑스혁명의 방아쇠를 당겼습니다.

"자유, 평등, 박애"Liberté, Égalité, Fraternité라는 구호는 생제르맹 백작이 레날 신부L'abbé Raynal라는 필명으로 공회에 보낸 공개서한에 적은 것입니다. 그는 마리 앙투아네트와 고위직에 있는 여러 사람에게 경고하려 했지만, 그들은 움직이지 않았습니다. 정체가 무엇이냐는 질문에 그는 자신이 예언자 카산드라라고 대답했습니다. 그의 주장은 무시당했지만, 그의 예언은 현실이 되었습니다.

그 기간 동안 영국에서는 기술 및 경제, 사회 영역에서 다른 종류의 혁명이 일어났습니다. 혁명은 여성과 아동의 착취로 시작되었습니다. 탄광이나 방직공장에서의 노동조건과 노동시간은 비참할 정도였습니다. 엄청난 불평등이 자행되었고, 더 이상 외면할 수 없는 상황이 되었습니다.

또한 유럽에서는 정신적 혁명이 일어났습니다. 실러, 헤겔, 괴테, 셸링, 피히테는 철학적 사고의 방향을 바꿨습

● 당시 미국은 군주제 국가인 영국의 식민지였다.

니다. 1800년은 새로운 세기의 도래를 알렸습니다. 예컨대 베토벤의 첫 번째 교향곡은 불협화음으로 시작합니다. 베토벤은 자유를 위해 싸웠고, 오래된 틀을 부순 거장이었습니다. 교향곡 9번 마지막 악장에는 처음으로 인간의 목소리가 오케스트라와 함께 나옵니다. 그 이전에는 누구도 독창자 파트를 쓴 적이 없었습니다. "우리는 모두 형제"라는 가사는 인류 전체에 호소하며, 모든 구절이 우리가 정신적 가족의 일원임을 일깨웁니다.

역설적으로, 자유라는 주제는 나폴레옹에 의해 야만적 방종으로 표출되었습니다. 프랑스혁명의 민주적 성과들이 스스로 황제에 오른 나폴레옹에 의해 놀림거리가 되었기 때문입니다.

이러한 시대 변화 속에서 1770년대와 1830년대 사이에 낭만주의 시기와 초월주의 시기가 짧게 나타났습니다. 낭만주의 시기의 작가로는 셸리, 워즈워스, 키츠, 콜리지 등이 있습니다. 프랑스에는 라마르틴, 빅토르 위고, 알프레드 드 뮈세가, 독일에는 괴테와 실러가 있었습니다. 소로나 에머슨처럼 정신적 직관을 통해 실재를 찾으려 했던 초월주의자는 세기의 마지막 돌파구를 찾는 데 책임감을 느꼈습니다. 물질주의 시대가 되면서 기계화에 대한 불만이 생겨났기 때문입니다. 많은 사람이 인간이 기계가 되었다고 느꼈습니다. 인간의 심장은 펌프, 눈은 카메라, 뇌는 전기 개폐기가 된 것입니다.

낭만주의와 초월주의는 발상의 새로운 가능성을 제시한 덕분에 사람들에게 수용되었습니다. 온갖 새로운 발명품이 등장했음에도 기계는 인류의 많은 영역을 의미 있게 개선하지 못했습니다. 공장의 노동조건은 대체로 좋지 않았는데, 노동자를 위한 노동시간이나 최소 연령에 관한 규제조차 마련되지 않았기 때문입니다. 사람들은 위험한 작업환경에서 터무니없이 긴 시간 일했습니다. 이러한 맥락에서 사람들은 엄격하고 논리적인 사고에서 벗어나는 데 도움이 되는 사고방식을 익혔습니다.

학생들은 12학년이 될 때까지 역사를 이해하기 위한 단단한 토대를 다집니다. 상급 학교 마지막 해에 우리는 아주 오래전부터 이어져 온 인간 활동의 다양한 줄기를 한데 묶으려 노력합니다. 줄기들을 엮어 인류의 발달이라는 복잡한 직물을 짜려는 것입니다. 각 시기는 그 시기만의 고유한 도전을 불러오고, 고유한 임무와 목표를 수반합니다. 급격히 변화하는 이 시대에 청소년은 계속해서 커지는 자유의 감각을 통해 성장이라든지, 인간적 사랑과 책임감 같은 큰 계획을 찾아내야 합니다.

손턴 와일더는 자신의 마지막 작품 『제8요일』The Eighth

Day에서 그것을 표현했습니다. 그는 작품을 통해 인간의 날이 밝아 오는 것을 보여 주었습니다. 그에게 인간은 공동 창조자입니다. 와일더의 표현에 따르면, 우리는 창조의 7일 동안 단지 어린아이였습니다. 이제 여덟 번째 날의 제1세대가 되어 새로운 모험에 나서는 것입니다. 창조물은 공동 창조자인 우리 인간에게서 생겨납니다.

그리하여 우리는 역사가 인간의 투쟁이라는 사실을 알게 됩니다. 학생들은 여기에 창의적이고 생생한 방식으로 참여할 수 있습니다. 역사를 철저히 이해함으로써 자신이 있을 자리를 찾아가며, 참된 교육의 목적인 자아와 책임의 결합을 경험합니다.

6장
아이의 마음을 풍요롭게 키우는 법

경이로움과 감사함, 책임감은 보통 교육과정과 관련이 없습니다. 학교라고 하면 부모님은 아이들이 배울 교과 내용에만 관심을 둡니다. 주로 아이가 '성취하고 있는가'에 관심을 갖고, 아이의 내적인 삶은 뒷전으로 미뤄 둡니다. 발도르프 학교에서 우리는 모든 아이가 경이로움과 감사함, 책임감의 자질을 타고난다고 봅니다. 이러한 자질은 교육과정을 통해 학업의 발달과 함께 길러집니다. 이런 방식으로 우리는 아이의 가슴과 머리를 고루 교육합니다.

무엇보다 모든 아이는 경이로워하는 마음을 갖고 있고, 감사할 줄 압니다. 그리고 자라면서 책임감 있는 개인이 되고 싶어 합니다. 아이들이 갖고 태어나는 많은 자질은 경험에 의해 강화되기도 하고, 왜곡되기도 합니다. 부모로서 우리는 아이가 아침에 어떻게 일어나고, 낮에는 무엇을 하며, 잠자리에는 언제 드는지 등 아이의 하루 일과를 아주 잘 알고 있습니다. 하지만 아이의 정신적 삶에도 이렇듯 세심한 관심을 기울일까요? 예를 들어 아이가 잠자리에 들 때 경이로운 이야기를 들려주나요? 아침에 일어날 때 아이가 감사함을 느끼나요? 아이와 해돋이나 해넘이를 바라보며 자연의 아름다움에 감탄하는 일은 기쁨 그 자체입니다!

모든 아이는 광범위한 역사를 자신의 현재 삶 속으로 끌어들입니다. 시인과 마찬가지로 아이들은 자신을 둘러싼 세상에 대해 예리한 감성을 지니며, 때로는 예지력으로 가득 찬 사고를 하기도 합니다. 시인 워즈워스는 이에 대해 "우리는 완전히 벌거벗고 기억을 잃어버린 채로 세상에 오는 대신, 영광의 구름을 길게 끌며 온다"라고 묘사했습니다.

아이는 유전과 환경의 상호작용을 넘어, 정신적 핵core을 지닌 존재입니다. 아이의 이런 유일무이한 측면은 가꾸고 길러야만 하며, 이를 발현토록 하는 과정이 교육입니다. 그것이 바로 'educere'(끌어내다)가 의미하는 것이지요. 교육은 끌어내는 것이지 집어넣는 게 아닙니다. 경이로움, 감사함, 책임감이라는 세 단어를 잠시 생각해 보면 "제가 아이에게 바라는 게 바로 그거예요. 저는 아이가 자기를 둘러싼 것들의 아름다움에 경이로움을 느끼면 좋겠어요. 감사하는 마음도 갖기를 바라고요. 그리고 학교생활에서 책임감을 키웠으면 해요"라고 말할 것입니다. 아동기 초반에 이런 자질을 길러 주는 것은 매우 중요합니다.

발도르프 학교에서 담임 과정 아이들은 이야기를 듣고, 자연을 바라보며, 역사에 대해 생각합니다. 아이들이 의상을 갖춰 입고 친구들과 함께 연극에 참여할 때 그리고 다양한 축제를 기념할 때 경이로워하는 마음이 일깨워집니다. 경이로움을 키우려면 자신을 둘러싼 세상을 잘 받아들여 마음속에 상image을 그릴 수 있어야 합니다. 이야기를 듣고, 말하고, 그것을 공책에 적거나 그림으로 그리면서 아이들의 상상력imagination이 깨어납니다.

플라톤의 학원Academy에서는 경이로움의 개념을 이해하고 있었습니다. 경이로움을 느끼지 못한다면 여러분은 그 어떤 것도 배울 수 없습니다. 단지 암기할 수 있을 뿐입니다. 여러 직선을 사용해 포물선을 작도할 수 있다는 사실을 알게 된다면 또는 금속 쟁반에 모래를 뿌리고 바이올린 활로 그을 때 소리에 의해 만들어지는 무늬를 본다면 여러분은 아마 깜짝 놀랄 것입니다. 6학년 학생들은 자연현상과 수학, 과학을 배우며 경이로움을 발달시킵니다.

발도르프 학교에서 우리는 일반 학교에서 가르치는 과목을 모두 가르칩니다. 하지만 색다른 방식으로 접근하지요. 우리는 아이들이 학습 과정에 바로 참여할 수 있도록 가르칩니다. 교사도 학생도 교과서에 얽매이지 않습니다. 수업은 예술적으로 구성됩니다. 대화와 노래, 시 낭송, 글쓰기, 철자법, 작곡 등이 들어갑니다. 이러한 모든 방식은 아이들이 수업에 참여하면서 연결되고, 그 내용을 자신의 것으로 만들어 가도록 북돋아 줍니다.

발도르프 학교의 아이들은 자연의 왕국들, 시와 음악의 세계, 수학과 대수학, 기하학의 신비, 서로 다른 문명들을 통과하는 여행 속에서 실제로 발견해 간다는 느낌을 받습니다. 아이들은 여러 민족과 국가가 인류의 다양성에 다채로운 선물을 부여했음을 이해하기 시작합니다.

발도르프 학교에서 정말 중요한 것은 '무엇을 가르치는가'가 아니라 '어떻게 가르치는가'입니다. 교육과정은 가르쳐야 할 것이 무엇인지 그 대강을 보여 주는 뼈대와 같습니다. 그러나 가르치는 기술은 교실 속 삶으로 교과를 가져오는 일입니다. 우리가 이것을 잘 해낸다면 아이들을 더 많은 지식으로 이끌 수 있고, 아이들은 더 많은 것을 배우고 싶어 할 것입니다. 성적이나 경쟁으로 동기를 부여할 필요가 없습니다. 모든 아이는 배우고 탐험하는 것을 좋아합니다. 하지만 대부분의 경우 아이들이 충분히 탐험하도록 놔두지 않습니다. 경이로움을 북돋기는커녕 깨뜨려 버리기 일쑤입니다.

감사함은 교실이 하나의 사회적 단위가 되면서 그 속에서 발달합니다. 어른이 되어 가는 과정에서 우리가 거치는 단계들을 생각해 보세요. 첫 번째 사회적 단위는 부모, 형제, 자매로 구성된 가족입니다. 아주 작은 단위지요. 두 번째 단계는 학교에 가면서 시작됩니다. 교실에서 주고받기(상호교환)라는 매우 중요한 사회적 교훈을 배웁니다. 발도르프 학교에서는 능력을 추구하기보다는 개개인 안에 있는 가장 좋은 점을 발달시키고자 합니다. 사고나 지식 면에서 뛰어난 아이가 있는가 하면, 예술 방면에 재능이 있는 아이도 있습니다. 학년이 올라가면서 아이들은 서로 돕는 것을 배웁니다. 발도르프 학교에서는 이처럼 교실이라는 사회적 단위가 유익하게 다뤄집니다.

지리 수업은 감사의 마음을 발달시키는 한 가지 방법입니다. 4학년에서는 주변의 지리를 다루고, 5학년에서는 캘리포니아주와 몇몇 이웃 주로 범위를 확장합니다.● 파리, 베를린, 요하네스버그 등에 위치한 발도르프 학교는 우리 학교와 다르게 접근할 것입니다. 물론 해당 지역의 환경에 초점을 맞추겠지요. 네덜란드처럼 아주 작은 나라의 발도르프 학교라면 나라 전체를 다룰 수도 있습니다.

5학년 학생들에게 어제 무엇을 먹었는지, 전날 저녁 식탁에 무엇이 올라왔는지 묻습니다. 서로 다른 메뉴를 칠판에 적다 보면 중복되는 항목 없이 단숨에 칠판이 가득 차기도 합니다. 우리는 모두 먹는 것을 좋아합니다. 특히 점액질 아이들이 이 활동을 좋아하지요. 모두가 유쾌하게 자신이 좋아하는 메뉴를 꼽습니다.

● 글쓴이가 강연한 곳은 캘리포니아주의 주도(州都)인 새크라멘토에 위치한 발도르프 학교다.

먹고 마신 것들의 이름을 쭉 나열해 놓고, 그것들이 어디서 왔는지 아이들에게 다시 묻습니다. 아이들은 그중 우리 지역에서 나는 것이 얼마나 적은지를 재빨리 알아차립니다. 차, 커피, 꿀, 코코아 등은 일상적으로 섭취하지만 현지에서 나지 않는 음식입니다. 일부는 캘리포니아에서 나기도 하지만 대부분은 멀리에서 온 것들입니다.

우리가 음식과 음료에 대해 이야기할 때, 아이들은 그것이 온 다른 나라와 그것을 생산한 사람들의 모습을 그리기 시작합니다. 그 사람들은 나라와 인종이 다르고, 겉모습이 우리와 다를지도 모릅니다. 하지만 인류라는 큰 가족의 한 부분입니다. 학생들은 차츰 어떤 느낌을 갖기 시작하는데, 그 느낌은 억지로 심어 주거나 강요할 필요 없이 그 주제에서 자연스럽게 생겨납니다. 가까이에서 난 것이든 멀리서 온 것이든 다른 사람들이 일하여 생산한 것에 학생들은 감사함을 느끼기 시작합니다. 자기가 받아서 먹은 음식에 감사하는 마음을 갖게 되는 것입니다.

이어서 교사는 받기에서 주기로 나아가, 이 비유를 확장할 수 있습니다. 우리가 사는 지역에서 나는 자원들이 어디에서 생산되고, 어느 나라로 가는지에 관해 질문하는 것입니다. 주고받는 과정 중에는 숨을 들이쉬고 내쉴 때와 비슷한 일이 벌어집니다. 회의적인 학생이라면 이것이 수입과 수출에 관한 이야기일 뿐이라고 말할 수 있습니다. 그것도 맞는 말이지만 우리는 사람들이 먹거리를 어떻게 생산하고 보관하며 운송하는지를 보여 줌으로써 더욱 큰 그림을 그립니다.

발도르프 학교에 다니지 않는 4, 5학년 아이에게 "우유는 어디에서 왔을까?"라고 물었더니 "슈퍼마켓에서요"라는 답이 돌아왔습니다. 아이들은 자연과 너무 떨어져 있어 지구가 어떻게 우리를 먹여 살리고, 우리가 지구에 얼마나 의존하고 있는지를 의식하지 못합니다. 발도르프 교육을 통해 우리는 태양과 물, 공기 같은 요소가 우리에게 어떤 영향을 미치는지 그리고 우리에게 무언가를 주기도 하는 그것들이 얼마나 파괴적일 수 있는지에 대해 알아 갑니다.

발도르프 교육은 다른 사람들이 우리를 위해 한 일에 감사하는 마음을 길러 주며, 자연의 힘과 자연이 우리에게 주거나 빼앗아 가는 것에 대한 경외감을 키워 줍니다. 자연에서는 우리가 이해할 수도, 통제할 수도 없는 일이 많이 일어납니다. 예컨대 기상학자는 종종 기상이변을 설명하지 못합니다. 아이들은 자연과 직관적으로 교감하기 때문에 자연의 변화를 매우 민감하게 느끼고, 자기보다 훨씬 강력한 힘을 지닌 자연에 반응합니다.

감사함을 배우지 못한 아이는 사랑을 할 수도 없습니

다. 지식이 경이로움에서 출발하듯이, 사랑은 감사함에서 자라고, 책임감은 의지에서 나옵니다. 책임감responsibility이라는 낱말의 어원은 '반응'response입니다. 이는 무언가에 대답하고 호응한다는 의미입니다. "책임감이 있니?"라는 말은 "어떻게 행동할 거니?"라는 뜻입니다.

발도르프 학교에서는 저학년 때부터 아이의 의지를 키워 줍니다. 아이들에게 일거리를 주어 교실을 청소하고, 화단과 화분을 돌보게 합니다. 교실을 청결하게 유지하는 데 필요한 일 중 아이들이 도울 수 있는 잔일은 매우 많습니다. 이것은 발도르프 학교에서 아주 중요하게 생각하는 교육 원칙 중 하나입니다. 의지가 약하고 질서 의식이 없는 아이에게는 한 달 또는 1년 동안 매일 반복적으로 할 수 있는 일을 맡깁니다. 이렇게 하면 책임감이 자라납니다. 교실 일에 참여할수록 아이들은 자신이 교실과 학교에 속해 있다고 느낍니다.

요즘 아이들이 자신의 주변 일에 책임감을 느끼지 않는다는 것은 안타까운 일입니다. 어른들은 아이들에게 큰 기대를 하지 않습니다. 아이들은 주로 자동차를 타고 학교에 가고, 집안일은 전혀 하지 않으면서 풍족한 용돈을 받습니다. 아이들에게 책임감을 키워 주지 않으면 의지력이 약해집니다.

여러분 중 대가족 안에서 자란 분이 계시다면, 아마 모든 구성원이 어떻게 협력했는지 떠올릴 수 있을 것입니다. 그렇게 하지 않으면 가족이라는 배가 침몰하고 말 테니까요. 동일한 협력 정신이 가정과 교실 안에 살아 있어야 합니다. 참여를 강요하지 않고 협력을 요청하면 아이들은 기꺼이 돕습니다. 실제로 아이들은 돕는 것을 좋아합니다. 발도르프 학교에서는 아이와 어른이 함께 주변 환경에 책임을 다할 때 사회화 과정이 촉진된다고 믿습니다. 예를 들어 수업 후에 학생과 교사가 함께 교실을 청소하는 것이 유익하다고 여깁니다. 모두가 함께 일하는 것은 즐거운 경험입니다.

책임감은 오늘날 특히 중요합니다. 이웃의 이익은 제쳐놓고 자신의 이익만을 좇는 사람이 너무 많기 때문입니다. 교사와 부모로서 우리는 아이들이 유아기의 자기중심적인 욕구에서 벗어나 좀 더 보편적인 목표를 향해 나아갈 수 있도록 안내해야 합니다. 그러면 아이들은 점차 "어떻게 하면 나에게 도움이 될까?"라는 질문을 "어떻게 하면 내가 도움을 줄 수 있을까?"로 바꾸는 법을 배웁니다.

살면서 어떤 일을 하든, 중요한 것은 하고 있는 일에서 성취감을 느끼는 것입니다. 성취감은 단지 자신이 만족한다기보다는 타인에게 기여함으로써 얻을 수 있습니다. 발도르프 학교에서는 마틴 루서 킹이나 알베르트 슈바이처 같은 위인들의 전기를 다루며, 인류에 도움이 되는 무언가를 가져오기 위해 자신을 희생한 사람들의 생생한 사례를 보여줍니다. 그들의 전기를 읽으며 아이들은 위인들이 세상에 가져온 변혁의 요소를 감지합니다. 이제 청소년들은 세상의 요구에 부응하며, 자신만의 개인적이고 즉각적인 요구를 넘어서 관점을 확장하기 시작합니다.

지금까지의 논의를 요약하면 감사하는 마음이 사랑과 참여로 이어지듯 책임감은 남을 위한 헌신으로 이어지고, 경이로워하는 마음은 학습과 지식으로 이어집니다. 하지만 경이로움, 감사함, 책임감을 제대로 이해하려면 그 반대 현상도 살펴야 합니다. 이런 자질들을 발달시키지 못한 아이들은 어떻게 될까요?

경이로움을 모르는 아이는 냉소주의자가 될 가능성이 있습니다. 냉소적인 사람은 이렇게 말합니다. "뭘 좀 아는 게 뭐가 중요해. 세상은 악으로 가득 차 있어. 선이란 건 없다고." 냉소주의는 요즘 사람들의 불행한 특징 중 하나인데, 이는 지식의 모든 영역을 내적으로 쓸모없고 무력하게 만들기 때문입니다.

감사할 줄 모르는 아이는 자기밖에 모르는 사람이 됩니다. 자기중심주의 세대Me generation●는 감사해하는 게 별로

● 1970년대에 미국에서 처음 규정지어진 세대로 'Me 세대'라고도 불린다. 1980년대에 이르러 자기도취성에 물질적 탐욕이 더해졌다.

중요하지 않다고 믿으며 자랍니다. 사랑은 환상에 지나지 않고 자신의 바람, 욕망, 감정의 만족만이 중요할 뿐입니다. 그 외에는 어떤 것도 중요하지 않습니다. 다른 말로 하면 쾌락주의지요.

책임감이 부족한 아이는 파괴적인 사람이 됩니다. 무책임한 모습은 파괴주의, 공격성, 자학, 자기 경멸, 수동적이고 목적 없는 태도 등 다양한 방식으로 나타납니다. 책임감이 부족하면 세상의 현실과 동떨어지기 쉽습니다. 그것은 또한 냉소적이고 남을 배려하지 않는 태도로 이어질 수 있습니다.

성장한다는 것은 자기 자신을 자각해 가는 것입니다. 신생아는 자신의 욕구를 모호하게만 알아차리고, 자신의 욕구를 충족하기 위해 많은 부분을 부모에게 의존합니다. 차츰 자신을 둘러싼 세상과 동일시하며 스스로를 더 의식하고, 자신의 욕구에 대해 더욱 큰 목소리를 냅니다. 아이들이 성장할수록 이러한 자기 인식의 중심부가 형성되고 강화됩니다.

스스로를 자각하는 건 아주 중요한 일입니다. 아이들은 세상이 자기와 분리되어 있다는 사실을 깨닫고 극심한 고통을 느낍니다. 세상은 더 이상 확장된 자아가 아닙니다. 사춘기가 되면 세상과 분리되었다는 느낌이 정점에 이릅니다.

우리는 사춘기 아이들이 세상과 다시 연결되어야 하는 시기를 통과하고 있다는 사실을 인식해야 합니다. 이 일은 단번에 일어나지 않습니다. 그것은 하나의 과정입니다. 하지만 결국 아이들의 마음은 넓어지고, 주변 세상에 점점 더 관심을 갖게 됩니다. 그렇기 때문에 역사, 지리, 과학은 사춘기의 발달 과정에서 아주 중요한 역할을 합니다.

그러나 사춘기 아이들은 이 과정에서 두 가지 잘못된 길에 빠질 수 있습니다. 스스로에게 너무 집착한 나머지 극히 개인적인 측면으로만 세상과 관계를 맺으려 하거나 아니면 자존감을 키우지 못한 채 자신을 둘러싼 모든 것 속에서 자아를 잃어버리기도 합니다. 교육의 본질은 아이들이 세상을 잃지 않고 온전한 존재가 되도록 돕는 것, 자아에 대한 감각을 잃는 일 없이 세상과 관계 맺을 수 있도록 돕는 것입니다.

발도르프 교육은 자아와 세계 사이에서 조화를 추구합니다. 우리는 사고력을 키우고 의지를 발달시키려 노력하지만, 고립된 상태로 그것들을 추구하지는 않습니다. 오히려 가슴으로 접근하려 애씁니다. 우리의 언어는 가슴의 중요성을 반영합니다. 진정으로 무언가를 배웠을 때 우리는 가슴으로 받아들였다고 하지 머리를 굴렸다고 표현하지 않습니다. 아이가 어떤 교과를 정서적으로 받아들이지 않는 이상 그것은 별 의미 없는 수업에 지나지 않습니다.

발도르프 학교에서는 어떻게 교과를 가르쳐야 아이들이 세상과의 관계 속에서 자기 자신에 대한 이해를 넓혀 나갈 수 있느냐는 부분에 관심을 기울입니다. 경이로움, 감사함, 책임감은 아이들의 발달에 주춧돌이 됩니다. 분명한 건 개별 고유성을 기르되 아이들을 어떤 틀에 맞춰 찍어 내지 않는다는 것입니다. 반사회적인 성향을 조장하지도 않습니다. 발도르프 학교에서 우리는 아이의 타고난 자질을 북돋아 아이가 남을 돕고 싶어 하고, 변화에 유연하게 대처하며, 자신을 둘러싼 어려움을 극복해 나가는 어른으로 자라날 수 있도록 돕고자 합니다.

발도르프 학교에서 자주 낭송하는 루돌프 슈타이너의 시로 이번 강의를 마무리하지요. 이 책에서 제가 전달하고자 하는 것들과 발도르프 교육이 실현하고자 하는 것들을 이해하는 데 도움이 될 것입니다.

아름다움에 감탄하고
진실함을 지켜 내며
고귀함을 공경하고
선함을 결심하는 것,
그것은 사람들을 인도합니다.

목적이 있는 삶으로

정의로운 행동으로

평화로운 느낌으로

분명한 생각으로.

그리고 우리가 하느님의 섭리를

따르도록 가르칩니다.

모든 것에서, 다시 말해

천지 만물에서,

영혼 깊은 곳에서.

7장
아이에게 외국어를 가르치는 법

발도르프 교육과정에서 외국어교육은 아주 중요합니다. 루돌프 슈타이너는 1학년부터 12학년까지 일주일에 세 차례에 걸쳐 아이들이 두 가지 상반된 외국어를 배우도록 했습니다.

외국어 학습은 상당 부분 아이들이 선천적으로 가지고 태어나는 재능인 '모방을 통해 배우는 음악적 능력'에 의존합니다. 이 재능은 이갈이를 하며 점차 사라지지만, 외국어를 가르치는 교사는 아이들의 이 천부적 재능을 가장 창조적인 방법으로 활용할 수 있습니다.

앞으로 외국어를 얼마나 잘하게 되는가는 대부분 저학년 때 아이들이 입말이 살아 있는 외국어 환경에 푹 빠질 수 있는가 없는가에 달려 있습니다. 프랑스어와 스페인어 혹은 독일어를 가르치더라도● 외국어 수업이 진행되는 40분간은 그 나라에 온 것 같은 분위기를 만들어야 합니다. 모국어는 단 한마디도 사용해서는 안 됩니다.

프랑스어 교실의 아이들은 프랑스어로 인사할 것입니다. "Bonjour, mes enfants. Comment allez-vous aujo-

● 한국에서는 주로 영어와 중국어, 일본어를 가르친다.

urd'hui?"(안녕, 애들아. 오늘은 어떠니?)라는 선생님의 인사에 "Très bien, merci. Et vous?"(아주 좋아요, 감사해요. 선생님은 어떠세요?)라고 대답합니다. 이는 날씨에 관한 대화로 이어질 수 있습니다. "Regardez, il fait beau aujourd'hui? Le soleil brille." (……) "Oh, quel temps! Il ne fait que pleuvoir."(저것 봐, 오늘 참 멋진 날이지 않니? 해가 눈부시게 빛나네. (……) 어머, 시간이 벌써! 비가 오고 있구나.)

이런 생활 회화가 끝나면 발음 연습이 이어집니다. 먼저 두 단어나 세 단어가 소개되고 조금씩 조금씩 몇 주에서 몇 달 동안 전체 목록이 만들어집니다. 이 단어들을 함께 또는 각자 연습하면 3, 4분 정도 걸릴 것입니다. 이어서 아이들은 모두 일어나 율동과 함께 노래를 부릅니다.

Ton thé t'a-t-il oté ta toux?

Tue ta toux avant que ta toux te tue.

Bon Papa, ne bat pas beau Paul.

네 이놈 홍차야, 기침을 없앴니?

기침이 널 끝내기 전에 네가 기침을 끝내렴.

착한 아빠, 멋쟁이 폴을 때리지 마세요.

이 노래는 재미있는 내용을 담고 있지만, 여기서는 노

래의 의미가 아니라 혀 꼬임tongue-twisting 말을 배운다는 점이 중요합니다.

그런 다음 아이들은 시 암송을 하게 됩니다. 여기서 다시 음악적 분위기가 강조됩니다. 아이들을 위해 만들어진 동음반복의 동시가 아니라 정말로 위대한 시를 골라야 합니다. 어렸을 때부터 아이들에게 롱사르, 샤를 도를레앙, 라퐁텐, 빅토르 위고, 라마르틴, 르콩트 드 릴, 고티에 같은 천재 시인들의 훌륭한 시를 소개해야 합니다. 아이들은 차츰 오직 입말로 연습해 가슴으로 배운 시들의 풍성한 목록을 쌓아 나갑니다. 이것은 어른이 된 뒤에도 삶의 소중한 보물이 됩니다. 다른 무엇보다 시는 언어를 섬세히 이해할 수 있게 돕습니다.

샤를 도를레앙의 「작은 물방울」을 인용해 보겠습니다. 이 시는 그가 포로 신분으로 런던 타워라는 우울한 요새에 20년 이상 갇혀 지내며 쓴 것입니다. 그는 달콤한 향수에 잠겨 사랑하는 조국 프랑스의 새봄을 회상합니다.

> 날씨는 비바람과 추위의
> 외투를 벗어 버리고,
> 밝게 빛나는 태양이
> 아름답게 수놓인 옷을 입네.

여기에는 길짐승도 없고, 날짐승도 없어서,

노랫소리도, 짓는 소리도 들리질 않네.

날씨는 비바람과 추위의

외투를 벗어 버렸네.

강물과 샘물, 시냇물이

그려진 어여쁜 옷,

금 세공사의 은방울이 가득 달린 옷,

모두가 다시 옷을 갈아입네.

시간은 자신의 외투를 벗어 버렸네.●

　　이런 시를 다룰 땐 어려운 어휘나 문법에 초점을 맞춰선 안 됩니다. 그렇게 하면 오히려 역효과가 날 것입니다. 아이들은 언어의 분위기 속에서 입말을 통해 충분히 이해할 수 있습니다. 어떠한 번역도 필요 없습니다. 프랑스어로 생생하게 소개하고 칠판을 활용함으로써 전반적인 의미를 쉽게 전달할 수 있습니다. 교사는 학생들에게 제시한 내용을 영어로 간단히 말해 보라고 요구할 수도 있습니다.

● 외국어 수업에서는 원문을 그대로 암송한다.
Rondeau // Le temps a laissé son manteau / De vent, de froidure et de pluie, / Et s'est vêtu de broderie / De soleil luisant, clair et beau. // Il n'y a bête, ni oiseau, / Qu'en son jargon ne chante ou crie: / Le temps a laissé son manteau / De vent, de froidure et de pluie. / Rivière, fontaine et ruisseau / Portent en livrée jolie / Gouttes d'argent, d'orfèvrerie, / Chacun s'habille de nouveau. / Le temps a laissé son manteau.

시 수업을 할 때는 교사가 항상 시를 잘 외우고 있다가 열정적으로 암송하는 것이 중요합니다. 교사는 수업마다 5분에서 10분 정도 한 번에 몇 줄씩만 반복해서 암송합니다. 이렇게 아이들이 전체 시를 외울 때까지 모두와 함께 암송하기도 하고, 개별적으로 외우게 하기도 합니다.

담임 과정 저학년

1학년부터 3학년까지 외국어 수업에 쓰기는 없습니다. 모든 수업은 입말로만 이루어집니다. 독일어든 스페인어든 마찬가지입니다. 남은 시간은 대부분 사계절, 낮과 밤, 광물·식물·동물 같은 자연의 왕국들, 신체의 각 부분, 시간 말하기, 여러 활동이 있는 하루의 일정 등을 아이들에게 소개하는 방식으로 채워집니다. 이 내용들은 무언극이나 연기로 표현할 수 있습니다. 예를 들어 잠이 들고, 잠에서 깨어나고, 눈을 뜨고, 침대 밖으로 뛰어나가고, 세수를 하고, 옷을 입고, 가족과 아침을 먹는 장면을 묘사합니다. 그리고 "무얼 먹을까?", "무얼 입을까?", "어떻게 학교에 갈까?" 같은 질문을 합니다. 교사는 여행용 가방을 가져와 긴 여행을 떠날 때 챙겨야 할 각종 물건을 풀어놓기도 합니다. 3학년에서는 쇼핑하기, 시간 말하기 외에도 다른 수업 시간에 공부하는 일상적 활동들을 적절히 활용합니다.

수업의 주요 활동은 분명 말하기, 암송하기, 노래 부르기, 게임 하기 등을 통한 언어 연습으로 이루어지지만, 교사가 들려주는 이야기에 아이들이 귀 기울이는 순간도 만들어야 합니다. 동요를 부르고 율동을 하는 것 또한 수업에서 주된 역할을 합니다.

프랑스어나 스페인어와 마찬가지로 독일어 역시 가장 아름다운 시를 골라야 합니다. 여섯 살 혹은 일곱 살처럼 어린 나이에 괴테와 실러, 울란트, 뤼케르트, 모르겐슈테른 등의 명시를 소개받는 일은 아이들에게 큰 기쁨이자 풍요로움이 될 것입니다! 위대한 시인은 언어의 창조자로서, 그 민족의 천재성을 구체화합니다.

발견[*]

나 홀로 숲속을 걸었네.

아무것도 찾으려 하지 않았지, 그럴 생각이었어.

그늘 속에서 나는 한 송이 꽃을 보았네.

별처럼 빛나고, 작은 눈동자처럼 아름다운 꽃.

[*] *Gefunden* // Ich ging im Walde so fuer mich hin, / und nichts zu suchen das war mein Sinn. / Im Schatten sah ich ein Blümchen stehn, / wie Sterne leuchtend, wie Auglein schön. / Ich wollt' es brechen, da sagt' es fein: / Soll ich zum Welken gebrochen sein? / Ich grub's mit allen den Würzlein aus, / zum Garten trug ich's am hübschen Haus. / Und pflanzt' es wieder am stillen Ort; / nun zweigt es immer und blüht so fort.

내가 그 꽃을 꺾으려 하자, 꽃이 말했네.

저는 꺾여서 시들어 버리겠죠?

내 멋진 집 정원으로 데려가기 위해

나는 꽃을 뿌리째 모두 캐내었네.

그리고 조용한 구석에 다시 심었지.

이제는 무성하게 자라나 계속해서 꽃을 피우고 있다네.

—괴테

외국어 학습은 교사가 다양성을 풍부하게 가져오는 동시에 교사가 짜 놓은 틀이 반복되더라도 전혀 지루하지 않게 변화를 줄 때 가장 효과적이며 훌륭한 자극이 됩니다. 일어서고 앉는 일, 책상을 옆으로 옮기는 일, 원을 만들고 자리 배치를 다시 하는 일, 그런 다음 조용히 이야기를 듣는 일 사이에 충분히 많은 변화가 있어야 합니다. 이를 통해 언어의 활동적인 요소와 정적인 요소가 풍부하게 반영될 수 있습니다. 학년이 올라가도 그렇지만, 1학년 때 아이들은 정확히 따라 하고 똑같이 표현할 수 있는 것보다 더 많은 것을 이해합니다. 물론 아름답고 정확한 발음에 아주 세심한 주의를 기울여야 합니다. 아무렇게나 발음하는 것이 용납되어서는 안 됩니다.

담임 과정 중간 학년과 고학년

4학년, 5학년 그리고 6학년이 되면 새로운 단계로 접어듭니다. 단계적으로 교사는 이전 세 학년에서 배운 시와 이야기, 대화 등을 칠판에 쓰기 시작합니다. 중간 학년의 주된 과제는 쓰기를 통해 읽기를 배우는 것이며, 이전 학년에서 생생하게 입말로 배운 언어로 받아쓰기를 하고 질문에 답을 쓰는 것입니다.

이제 교사는 활자화된 글을 소개합니다. 그렇다고 교실에 교과서를 들여온다는 말은 아닙니다. 교사는 칠판에 쓰고, 아이들은 그것을 자기만의 공책에 받아 적습니다. 몇 년 동안 이 공책에는 가장 단순한 어법부터 가장 복잡한 어법에 이르기까지 많은 내용이 더해집니다.

4학년 말까지 아이들은 글자를 아름답게 쓰고, 칠판과 공책에 쓰인 글을 유창하고 정확하게 읽을 수 있도록 배울 것입니다. 일정 분량의 글을 옮겨 적는 일은 절대 시간 낭비가 아닙니다. 철자법을 익히고, 여러 가지 문법적 어려움을 해결하는 데에 도움을 줍니다.

결과적으로 중간 학년에서 외국어 교사는 움직씨인 동사에서 출발해 단계적으로 문법의 구조를 도입하기 시작합니다. 아이들은 손뼉치기, 발 구르기 같은 적절한 움직임을 통해 동사의 활용을 리듬감 있게 가슴으로 배웁니다.

> (프랑스어) Je suis, tu es, il est — 짝, 짝!
> Nous sommes, vous êtes, ils sont — 짝, 짝!
> (독일어) Ich bin, du bist, er ist — 짝, 짝!
> Wir sind, ihr seid, sie sind — 짝, 짝!•

교사는 점차 의지적 속성을 지닌 동사에서 좀 더 추상적 활동인 명사를 발달시키고, 언어의 감성적 요소를 나타내는 형용사와 부사로 나아갑니다. 교과서의 도움을 받아 문법을 가르칠 필요는 없습니다. 아이들이 스스로 만들어 내기 때문입니다.

외국어의 문법은 대체로 모국어의 문법을 다 익히고, 1년 뒤에 가르치면 됩니다. 교사 간의 협력으로 이러한 작업을 잘 조율할 수 있습니다. 문법은 항상 입말과의 생생한 관계 속에서 가르쳐야 합니다. 외국어를 이해할 때 문법은 중요한 뼈대를 제공하지만, 너무 이르거나 추상적인 방식으로 수업이 진행되면 생생한 입말과의 관계를 약화시킬 수 있습니다. 불행히도 오늘날 이런 경우가 너무 많아서 상당수 아이들이 외국어를 싫어하게 되었지요.

우리는 늘 우리가 가르치는 외국어의 기이한 부분을 즐

• (영어) I am, you are, he is — 짝, 짝!
We are, you are, they are — 짝, 짝!

겹게 받아들일 준비가 되어 있어야 합니다. 가령 프랑스어 "Un ver vert va vers un verre vert"(초록색 벌레가 초록색 컵으로 기어간다)라든지, 독일어 "Dirigent, Der Regent"(지배인, 지배자) 같은 말이 그렇습니다. 속담, 관용구, 낱말의 어원 등이 수업에 유머와 양념 역할을 하며, 시간이 지날수록 점점 더 공식적인 수업 내용으로 자리 잡습니다. 시와 노래, 발음 연습 등이 여전히 중간 학년에서도 계속되지만, 이제는 인쇄된 책을 소개할 것입니다.

이야기를 들려주고 다시 말하는 것 역시 중요한 자리를 차지합니다. 교사는 전설이나 민담으로 시작해 5, 6학년 때 역사적 일화를 추가합니다. 교사는 외국어 이야기를 몸짓과 칠판 판서를 통해 생생하고 극적인 방식으로 들려줍니다. 종종 미리 그려 놓은 칠판 그림을 이용하기도 합니다. 되도록 짧은 이야기를 들려주며, 첫 번째 다시 말하기를 통해 교사는 아이들이 주요 내용을 이해했는지 재빨리 확인할 수 있습니다.

다음 단계로 교사는 같은 이야기를 다시 들려주는데, 이때에는 묘사를 더하고 중요한 어휘와 관용적 표현을 다루어 더욱 정교한 형태가 되도록 합니다. 세 번째 단계에서는 아이들이 교사에게 이야기를 다시 말하며, 교사는 이야기의 첫 구절을 칠판에 써 놓음으로써 진행이 원활하게 이루어질 수 있도록 합니다. 이야기는 점점 아이들에 의해 주도적으로 진행되고, 다양한 방법으로 사용되기도 합니다. 이야기는 문체, 문법, 질문과 답변의 자료로 사용될 수 있고, 글로 써서 그것을 보고 연기하는 짧은 극의 기본 대사가 될 수도 있습니다.

이야기를 들려주고 다시 말하는 일의 중요성은 6학년 이후에 점점 더 커지며 7, 8, 9학년이 되면서 읽기와 함께 교육과정의 핵심 역할이 됩니다. 외국어 교사는 아이들이 주요수업 시간에 배우는 역사와 지리를 활용할 수 있습니다. 6학년에서는 로마사와 중세를, 7학년에서는 르네상스와 종교개혁을, 8학년에서는 혁명을, 9학년에서는 현대사를 다룹니다.

5, 6학년 때부터 학생들은 그 외국어를 사용하는 나라의 지리에 대해서도 잘 알아야 합니다. 그리고 수업은 항상 그 나라의 언어로만 진행되어야 하지요.

이러한 수업에서는 예를 들어 프랑스의 브르타뉴, 알자스, 프로방스, 샹파뉴 같은 지역의 민담, 전통 의상, 음식, 전설, 산업, 자원, 사람들의 풍습과 습관 등을 함께 다룰 수 있습니다. 이때 아이들에게 프랑스산 치즈, 와인, 샴페인, 코트다쥐르●의 향수 등을 소개합니다. 마찬가지로 교사는 바이에른 방언, 슈바벤 방언, 저지低地 독일어●● 등 독일의 다

● 프랑스 남동부의 해안 지대로 지중해에 접해 있다. 세계적인 향수 제조 지역이다.

●● 독일어는 크게 남서부 지방의 고지(高地) 독일어와 서북부 지

155

양한 방언을 예로 들 수 있습니다. 만약 스페인어를 가르친 다면 스페인 사람들의 성향과 옷차림, 춤, 음악, 대성당 등에 아이들이 관심을 가질 수 있도록 생생한 방법을 동원할 것입니다. 또한 교사는 라틴아메리카를 대표하는 나라, 특히 멕시코에 대해 다룰 수 있습니다.

발도르프 학교에서는 오디오나 영상 매체를 사용하지 않습니다. 대신 학급과의 관계 속에서 교사는 생기 넘치는 창조성을 통해 더욱 많은 것을 얻습니다.

상급 과정

시로 시작해서 짧은 이야기로 이어지고, 나아가 소설과 연극의 형태로 전개되는, 보석처럼 다채로운 세계문학은 학생들에게 계속해서 전해질 것입니다. 9학년, 10학년, 11학년 그리고 12학년에서는 제대로 된 문학 교육과정을 확립해야 하지만, 저학년 때부터 말하기, 읽기, 쓰기, 받아쓰기, 대화의 기본기가 제대로 정립되어 있지 않으면 이러한 과정을 유지할 수 없습니다.

상급 과정에서는 다음과 같은 지침이 유용합니다. 9학년 청소년들은 혁명적이고, 발달단계에 따라 혹 아니면 백, 다시 말해 희극과 비극 사이를 왔다 갔다 합니다. 이때 독일 문학에서는 젊은 실러와 괴테로 대변되는 질풍노도Sturm

방의 저지 독일어로 나눌 수 있다. 대체로 통용되는 표준 독일어는 고지 독일어에 기초한다.

und Drang의 시대●를 소개합니다. 프랑스 문학에서는 프랑스 혁명과 그 시기의 작가 빅토르 위고, 앙드레 셰니에 등의 시를 다룹니다. 알프레드 드 비니와 발자크의 단편, 빅토르 위고의 『레미제라블』과 알렉상드르 뒤마의 『몬테크리스토 백작』 등에서 발췌한 글들이 가장 유용합니다. 교사는 유머를 곁들인 연극의 한 구절을 인용해 수업에 사용하기도 합니다. 또한 지적 능력이 점점 성숙해지는 학생들에게 맞추어 언어의 구조와 문법을 복습하고 이를 확고하게 정립시켜야 합니다.

10학년에서 다루는 낭만주의는 청소년의 삶에서 핵심적인 역할을 합니다. 외국어 교사는 서정주의에서 몇 가지 예를 선택해 언어의 역사적 측면과 함께 다룹니다. 학생들은 수업이 생생하게 이루어지는 만큼, 어원과 언어의 구조에 관심을 갖게 됩니다. 의식적으로 언어의 특이한 점을 더욱 즐기며, 교사가 라틴어나 그리스어, 기타 다른 언어들에서 좀 더 유사한 예를 보여 주면 더욱 큰 관심을 기울입니다.

11학년은 연극을 붙잡고 씨름하기에 적합합니다. 학생들은 졸업 전에 라신, 코르네유, 몰리에르의 차이를 경험합니다. 예를 들어 '위대한 세기'Le Grand Siècle ●●를 주요 프로젝

● 18세기 후반에 독일에서 일어난 문학사조로 본래 클링거의 희곡에서 딴 이름이다. 지나치게 이성을 존중하는 계몽문학에 반대해 감정과 정열을 중시하며 비합리성과 주관성을 특징으로 한다.
●● 프랑스의 태양왕 루이 14세가 통치했던 시대.

트로 삼을 수 있고, 크레티앵 드 트루아●의 작품에서 발췌한 글과 함께 프랑스 초기 시로 잠시 외도를 떠날 수도 있습니다. 독일 문학에서는 괴테와 실러의 희곡을 비교합니다. 다만 『파우스트』는 12학년까지 미뤄 두는 것이 좋습니다. 덧붙여 볼프람 폰 에셴바흐●● 같은 궁정시인들을 만나 보는 것도 좋습니다.

11학년에서 우리는 주요수업으로 파르시팔Parsifal 이야기를 다룹니다. 순수하게 어리석은 주인공이 내적 둔함으로 결정적 질문을 하지 못하는 이야기입니다. 이 시기에는 음악사가 소개되기도 하는데, 외국어 교사는 주요수업 시간의 여러 내용을 외국어 수업에 활용합니다. 예컨대 프랑스의 라모, 베를리오즈, 쇼팽, 드뷔시 그리고 독일의 바흐, 모차르트, 베토벤, 바그너처럼 각 나라의 위대한 작곡가들의 전기를 다룹니다.

12학년에서는 현대문학이 특히 강조됩니다. 프랑스어를 배우는 학생들은 알베르 카뮈, 앙투안 드 생텍쥐페리, 아누이, 이오네스코 등을 배우고, 독일어를 배우는 학생들은 막스 프리슈, 뒤렌마트, 볼프강 보르헤르트, 하인리히 뵐, 그 외 여러 문인을 접합니다.

● 12세기 프랑스의 초대 시인이자 기사(騎士)문학 작가.
●● 1170 – 1220(?), 독일 중세 시대의 작가이자 궁정시인. 프랑스의 작가 크레티앵 드 트루아의 『페르스발, 또는 성배 이야기』(Perceval, ou le conte du graal)를 개작한 『파르치발』(Parzival)로 가장 잘 알려져 있다.

상급 학년 학생들에게는 특정 분야를 연구하고 그 결과를 발표하도록 권합니다. 어떤 학생은 특정 국가의 정치 상황과 사회 조건, 정부와 사법 체계에 대해 말할 수 있겠지요. 어떤 학생은 프랑스인과 독일인의 외모를 통해 그들의 심리적 특성을 비교하는 연구를 할 수 있고, 또 다른 학생은 특정 지역의 공예품이나 산업에 대해 발표할 수 있습니다. 이런 프로젝트는 반 친구들 앞에서 외국어로 직접 발표하며, 학생들은 자신이 발표한 내용을 프랑스어, 독일어, 스페인어를 사용해 에세이 형식으로 요약합니다.

지금까지 살펴보았듯이 외국어를 가르친다는 것에는 단순히 다른 나라 말을 할 줄 안다는 실용적 의미만 있는 것이 아닙니다. 오늘날 우리는 흔히 접할 수 있는 기본 지식 정도의 단순한 차원을 넘어서기 위해 노력합니다. 좀 더 포괄적으로 접근하려면 어떤 것에 중점을 두어야 할까요? 의심할 여지없이 언어는 사람들 간의 의사소통 수단이며, 아마 인간의 삶에서 매우 중요한 요소 중 하나일 것입니다. 또한 언어는 어떤 특정한 사람의 천재성, 고유성, 그들만의 음악성 등을 이해할 수 있는 관문이며, 날마다 삶에서 벌어지는 수많은 징후의 표현이기도 합니다.

아기는 태어나서 두 돌 때까지 모방을 통해 말하기를 배웁니다. 첫 돌까지 아기는 뒤집고 기고 서서 걷는 법을 배웁니다. 두 돌까지는 손짓 발짓과 함께 모국어를 익히지요. 세 돌이 되면 '말하기를 통해 사고하기'의 첫 번째 빛이 희미하게 떠오릅니다. 우리의 온전한 사고방식은 우리가 말하는 언어에 의해 결정됩니다. 잘 알려져 있다시피, 새 언어를 배우면 또 다른 방식의 사고를 하게 됩니다.

　모든 언어에는 고유의 사고방식이 있습니다. 특정한 개념과 단어를 다른 언어로 완벽하게 옮기는 것은 불가능합니다. "내가 옳다"라는 뜻의 프랑스어 "J'ai raison"을 영어로 번역하면 "I have reason"입니다. 독일인이 "내가 옳다"라고 말하고 싶을 때는 "Ich habe recht"(I have right)라고 말합니다. 독일에는 'Weltanschauung'(세계관)이라는 말이 있습니다. 독일인은 세계Welt를 전체적으로 바라보기Anschauung 위해 끊임없이 노력합니다. 영국인이 자신의 'sense of humour'(유머 감각)에 자부심을 갖는다면, 프랑스인은 'savoir vivre'(예절 또는 처세술)에 자부심을 갖습니다. 무언가를 "생각한다"고 할 때 프랑스인이 쓰는 "penser à"라는 말은 분석적인 뜻을 지니고, 독일어 "über etwas nachdenken"이라는 말은 모든 것을 포함하는 종합적 유형의 사고를 가리킵니다. 이에 비해 영어의 "to think about"은 가능한 다양한 측면에서 살펴보며 그 주제에 에둘러 접근하는 것을 의미합니다.

이런 미묘한 점들과 별개로 번역하는 과정에서는 그 말의 온전한 의미를 상당 부분 잃어버립니다. 일반적인 예를 들어 보겠습니다. 영어에서 '나무'를 뜻하는 'tree'는 (리듬으로 묘사한다면) 독일어 'Baum'이나 프랑스어 'arbre'와 상당히 다른 소리의 몸짓을 보여 줍니다. 'tree'가 나무의 줄기를 강조하는 데 비해 'Baum'은 무성한 이파리, 예컨대 보리수나무처럼 풍성한 나뭇잎을 강조하며, 'arbre'는 프랑스의 길가에서 쉽게 볼 수 있는 늘씬한 미루나무가 바람에 흔들리는 모습을 떠오르게 합니다.

일반적으로 느끼는 것보다 훨씬 더 많은 부분이 번역 과정에서 사라집니다. 발도르프 학교에서 진행하는 외국어 수업의 과제 중 하나는 그 언어의 정수를 다시금 포착하는 것입니다. 차츰 언어를 숙달해 가는 동안 우리는 다른 나라를 더 깊이 이해하고, 새로운 사고방식과 인생을 살아가는 또 다른 방식을 알게 됩니다. 이러한 가교가 없다면 인생에서 아름답고 매혹적인 부분들을 대부분 놓치고 말 것입니다. 그뿐 아니라 사람들 사이에 불신과 편견의 씨앗이 뿌려지게 될 것입니다. 유치원에서 배우는 전래 동요부터 시작해 1학년에서 12학년까지 이어지는 두 가지 외국어 수업을 통해 아이들은 온갖 마음의 색을 담을 수 있는 팔레트를 갖게 됩니다. 그리고 그로 인해 다른 사람들을 더 잘 이해할 수 있게 됩니다. 일단 두 가지 외국어를 배우고 나면 세 번째, 네 번째, 다섯 번째 외국어는 더 쉽게 다가오고, 우리의 내적 감수성은 그만큼 더 넓어질 것입니다.

각 언어는 오케스트라의 악기와 비교할 수 있습니다. 언어마다 고유한 장점과 한계를 동시에 지니고 있습니다. 영어는 무언가를 제안하는 데 가장 적합하지만, 불완전한 진술에 암시적으로 빈정거림을 담아 표현하는 데에도 잘 맞습니다. 이에 비해 그림을 그리듯 생생한 묘사를 특징으로 하는 독일어는 철학적 담론에 아주 적합합니다. 바다 끝까지 파내려 갔다가 모든 것을 포괄하는 정점으로 날아오릅니다. 한편 프랑스어는 예리한 공격으로 단번에 꿰뚫어 버리는 창처럼 정밀하기 이를 데 없는 도구입니다.

외국어를 배울수록 모국어를 더욱 섬세하게 알게 된다는 것을 경험이 보여 줍니다. 말하기, 긴 글 쓰기, 시 쓰기를 통해 표현의 고유한 능력을 재발견합니다. 4학년 때부터 우리는 서로 다른 언어의 속담과 관용적 표현을 비교하는 데 아주 특별한 주의를 기울입니다. 이에 따라 조금씩 적절한 예시를 내놓습니다. 가령 독일어 "Er hat einen Vogel"은 "그에게는 새가 있다"라는 말이지만 "그는 미쳤어"라는 의미로 사용됩니다. 프랑스어 "Elle a une araignée au pla-fond"는 "그녀는 천장에 거미를 키우고 있다"로 해석되지만

"그녀는 별난 사람이야"●라는 뜻으로 사용하지요. 진기하고 유머러스한 말들을 수업에 많이 도입할 수 있습니다. 또한 이때에는 노래를 부르듯 아름답게 말하는 법에도 주의를 기울입니다. 아이들은 바르게 말하기뿐 아니라 언어의 아름다움과 음악성을 존중하는 법 역시 배워야 합니다.

결론적으로 우리는 외국어 수업에서 사회적 과제의 중요성을 강조합니다. 이와 관련해 외국어교육 계발에 심혈을 기울였던 초창기 발도르프 교사 두 분에게 경의를 표해야 옳을 것입니다. 콘라트 잔트퀼러 박사와 헤르베르트 한 박사입니다.

콘라트 박사는 슈투트가르트에 세워진 첫 번째 발도르프 학교에서 수십 년 동안 영어와 프랑스어를 가르쳤습니다. 그의 접근 방식은 학생들의 지적 호기심을 강하게 자극했습니다. 수많은 언어와 그 언어의 발전에 깊은 지식을 갖고 있던 그는 무궁무진한 예제를 끌어와 학생들에게 영감을 불어넣었습니다. 그의 가르침 아래 많은 학생이 훌륭한 언어학자가 되었습니다.

제 개인적인 이야기를 덧붙인다면, 저는 20년 전 어느 봄날 파리 생제르맹 거리를 콘라트 박사님과 함께 걸은 적이 있습니다. 저는 그때 나누었던 긴 대화를 특별한 기쁨으로 기억합니다. 우리는 프랑스어로 음유시인들과 스콜라철

● 원문은 "She has a bee in her bonnet"이다.   163

학, 현대 관용구로 발전한 고대 프랑스어에 대해 이야기했습니다. 카페테라스에서 커피를 마시며 이런 이야기를 나눈 뒤 우리는 영어로 셰익스피어 그리고 세기를 거듭하며 발전해 온 영어에 대해 이야기했고, 현대 미국의 관용구와 오늘날의 영어 문법에 이르러 대화는 절정에 달했습니다. 우리는 라틴구●로 돌아와 독일어로 괴테와 실러 그리고 독일어의 발전에서 그들이 차지하는 위치에 대해 이야기를 나누었습니다. 이 경험은 외국어 교사로서의 제 삶에서 가장 인상적이고 영감을 주는 대화로 기억에 남아 있습니다.

헤르베르트 한 박사는 주목할 만한 또 다른 인물이자 뛰어난 언어학자입니다. 루돌프 슈타이너와 함께 발도르프 학교를 설립한 인물 중 한 사람인 그는 최소 열두 개 국어에 능통했으며, 말년에 저술한 걸작 『유럽의 창조성으로부터』Vom Genius Europas를 통해 이탈리아, 스페인, 포르투갈, 프랑스, 네덜란드, 영국, 스웨덴, 덴마크, 노르웨이, 핀란드, 러시아, 독일 사람들의 독특한 기여에 대해 논하기도 했습니다. 그들이 언어와 풍속, 지리적 환경, 생활 방식 그리고 전체적 다양성에 기여한 내용 등을 다루는 이 기념비적인 작품은 불행히도 아직 영어로 번역되지 않은 상태입니다. 이 저서뿐 아니라 다른 책들을 통해 그는 외국어교육의 실용적인 교수법에 관해 수많은 조언을 남겼습니다. 저 역시 그에

● 파리의 라틴구(區). 학생·예술가가 많이 사는 구역.

게 아주 특별한 빚을 지고 있습니다. 그는 지치지 않고 입말로 하는 작업과 암송, 시, 회화, 언어의 "계량할 수 없는 무언가"를 감지하기 위해 귀를 훈련하는 일 등의 중요성을 강조했습니다.

괴테와 함께, 우리는 이렇게 말할 수 있습니다. "황금보다 소중한 건 무엇? 빚. 빛보다 빠른 건 무엇? 대화." 대화 혹은 회화는 사람과 사람 사이에서 일어나는 일입니다. 아마 발도르프 학교의 외국어 교사는 이런 말을 하려는 것일지도 모릅니다.

"언어에 생기를 불어넣으려는 노력 속에서 사람들 사이에 진정한 형제애 의식이 되살아날 수 있다."

발도르프 교육법 강의
: 유네스코 선정 21세기 개혁교육 모델, 발도르프 학교에서 배운다

2017년 9월 14일   초판 1쇄 발행
2020년 10월 24일   초판 3쇄 발행

지은이	옮긴이
르네 퀘리도	김훈태

펴낸이	펴낸곳	등록
조성웅	도서출판 유유	제406-2010-000032호(2010년 4월 2일)

주소
경기도 파주시 책향기로 337, 308-403 (우편번호 10884)

전화	팩스	홈페이지	전자우편
070-8701-4800	0303-3444-4645	uupress.co.kr	uupress@gmail.com

	페이스북	트위터	인스타그램
	www.facebook .com/uupress	www.twitter .com/uu_press	www.instragram .com/uupress

편집	디자인	마케팅
안희주	이기준	송세영

제작	인쇄	제책	물류
제이오	(주)민언프린텍	(주)정문바인텍	책과일터

ISBN 979-11-85152-69-1 03370

이 도서의 국립중앙도서관 출판예정도서목록(CIP)은 서지정보유통지원시스템
홈페이지(seoji.nl.go.kr)와 국가자료공동목록시스템(www.nl.go.kr/kolisnet)에서
이용하실 수 있습니다.(CIP제어번호: CIP2017021687)

유유 출간 도서

1 **단단한 공부** 윌리엄 암스트롱 지음. 윤지산 윤태준 옮김 12,000원

2 **삼국지를 읽다** 여사면 지음. 정병윤 옮김 13,000원

3 **내가 사랑한 여자** 공선옥 김미월 지음 12,000원

4 **위로하는 정신** 슈테판 츠바이크 지음. 안인희 옮김 10,000원

5 **야만의 시대, 지식인의 길** 류창 지음. 이영구 외 옮김 16,000원

6 **열린 인문학 강의** 윌리엄 앨런 닐슨 엮음. 김영범 옮김 16,000원

7 **중국, 묻고 답하다** 제프리 와서스트롬 지음. 박민호 옮김 15,000원

8 **공부하는 삶** 앙토냉 질베르 세르티양주 지음. 이재만 옮김 15,000원

9 **부모 인문학** 리 보틴스 지음. 김영선 옮김 15,000원

10 **인문세계지도** 댄 스미스 지음. 이재만 옮김 18,500원

11 **동양의 생각지도** 릴리 애덤스 벡 지음. 윤태준 옮김 18,000원

12 **명문가의 격** 홍순도 지음 15,000원

13 **종의 기원을 읽다** 양자오 지음. 류방승 옮김 12,000원

14 **꿈의 해석을 읽다** 양자오 지음. 문현선 옮김 12,000원

15 **1일1구** 김영수 지음 18,000원

16 **공부책** 조지 스웨인 지음. 윤태준 옮김 9,000원

17 **번역자를 위한 우리말 공부** 이강룡 지음 12,000원

18 **평생공부 가이드** 모티머 애들러 지음. 이재만 옮김 14,000원

19 **엔지니어의 인문학 수업** 새뮤얼 플러먼 지음. 김명남 옮김 16,000원

20 **공부하는 엄마들** 김혜은 홍미영 강은미 지음 12,000원

21 **같이의 가치를 짓다** 김정헌 외 지음 15,000원

22 **자본론을 읽다** 양자오 지음. 김태성 옮김 12,000원

23 **단단한 독서** 에밀 파게 지음. 최성웅 옮김 12,000원

24 **사기를 읽다** 김영수 지음 12,000원

25 **하루 한자공부** 이인호 지음 16,000원

26 **고양이의 서재** 장샤오위안 지음. 이경민 옮김 12,000원

27 **단단한 과학 공부** 류중랑 지음. 김택규 옮김 12,000원

28 **공부해서 남 주다** 대니얼 플린 지음. 윤태준 옮김 12,000원

29 **동사의 맛** 김정선 지음 12,000원

30 **단단한 사회 공부** 류중랑 지음. 문현선 옮김 12,000원

31 **논어를 읽다** 양자오 지음. 김택규 옮김 10,000원

공부

공부의 기초

공부하는 삶
배우고 익히는 사람에게 필요한 모든 지식
앙토냉 질베르 세르티양주 지음, 이재만 옮김

공부 의욕을 북돋는 잠언서. 프랑스는
물론이고 영미권에서는 지금까지도
이 책을 공부의 길잡이로 삼아 귀중한
영감과 통찰력, 용기를 얻었다고
고백하는 독자가 적지 않다.
지성인의 정신 자세와 조건, 방법에
대해 알뜰하게 정리한 프랑스의
수도사 세르티양주는 공부가 삶의
중심이며 지성인은 공부를 위해
삶 자체를 규율해야 한다고 말한다.

공부책
**하버드 학생들도 몰랐던 천재 교수의
단순한 공부 원리**
조지 스웨인 지음, 윤태준 옮김

공부를 지식의 암기가 아닌 지식의
활용이라는 관점에서 보고 그런
공부를 하도록 안내하는 책. 학생의
자주성만큼이나 선생의 역할이
중요함을 강조한 저자는 이 책에서
기본적으로 선생과 학생이 있는
교육을 중심에 두고 공부법을
설명한다. 단순하고 표준적인 방법을
확고하고 분명한 어조로 말한
책으로, 그저 지식만 습득하는 공부가
아닌 삶의 기초와 기조를 든든하게
챙길 공부를 원하는 사람이라면
일독해야 할 책이다.

평생공부 가이드
**브리태니커 편집장이 완성한 교양인의
평생학습 지도**
모티머 애들러 지음, 이재만 옮김

인간의 학식 전반을 개관하는
종합적 교양인이 되기를 원하며
거기에서 지혜를 얻으려는 사람을
위한 안내서. 미국의 저명한
철학자이자 전설적인 브리태니커
편집장이었던 저자는 평생공부의
개념마저 한 단계 뛰어넘어,
인간으로서 이룰 수 있는 수준 높은
교양의 경지인 르네상스인이
되고자 하는 이들을 위해 인류가
이제까지 쌓아 온 지식을 제대로
파악할 수 있는 지도를 완성했다.
이제 이 지도를 가지고 진정한 인문학
공부 여행을 떠나도록 하자.

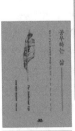

단단한 시리즈

단단한 공부
내 삶의 기초를 다지는 인문학 공부법

윌리엄 암스트롱 지음, 윤지산 윤태준 옮김

듣는 법, 도구를 사용하는 법, 어휘를
늘리는 법, 생각을 정리하는 법 등
효율적인 공부법을 실속 있게
정리한 작지만 단단한 책. 원서의
제목 'Study is Hard Work'에서도
짐작되듯 편하게 익히는 공부법이
아니라 고되게 노력하여 배우는
알짜배기 공부법이므로, 이 책을
따라 익히면 공부의 기본기를 제대로
닦을 수 있다.

단단한 독서
내 삶의 기초를 다지는 근본적 읽기의
기술

에밀 파게 지음, 최성웅 옮김

KBS 'TV, 책을 보다' 방영 도서.
프랑스인이 100년간 읽어 온
독서법의 고전. 젊은 번역가가
새롭게 번역한 이 책을 통해 이제
한국 독자도 온전한 번역본으로
파게의 글을 읽을 수 있다. 프랑스는
물론이고 유럽 각국의 교양인이
지금까지도 에밀 파게의 책을
읽는 이유는 이 책에 아무리 오랜
세월이 흘러도 변치 않는 근본적인
독서의 기술이 알뜰살뜰 담겨 있기
때문이다. 파게가 말하는 독서법의
요체는 '느리게 읽기'와 '거듭 읽기'다.
파게에게 느리게 읽기는 제일의 독서
원리이며, 모든 독서에 보편적으로
적용된다.

단단한 과학 공부
내 삶의 기초를 다지는 자연과학 교양
류중랑 지음, 김택규 옮김

박학다식한 노학자가 과학의 다양한
분야를 이해하기 쉽게 설명한 안내서.
작게는 우리 몸 세포의 움직임이
우리의 마음에 어떻게 반응하는지부터
크게는 저 우주의 은하와 별의
거리까지, 우리를 둘러싼 세상을
과학의 눈으로 바라보게 한다. 곳곳에
스며든 인간적 시선과 통찰, 유머가
읽는 즐거움을 더한다.

단단한 사회 공부
내 삶의 기초를 다지는 사회과학 교양
류중랑 지음, 문현선 옮김

우리가 상식으로 알고 있는 사회
현상을 근본부터 다시 짚어 보게
하는 책. 일상생활에서 자주 접하는
일화들을 알기 쉽게 설명해 과거와
현재 그리고 미래에 일어났고
일어나고 있고 일어날 일을 스스로
생각하고 판단하게 한다. 역사의
흐름을 한 축으로, 이성을 기반으로
하는 과학 정신을 다른 한 축으로 하는
이 책은 사회를 보는 안목을 높인다.

공부하는 사람 시리즈

공부하는 엄마들
인문학 초보 주부들을 위한 공부 길잡이
김혜은, 홍미영, 강은미 지음

공부하고 싶지만 어떻게 하면 좋을지
알지 못하는 엄마들 그리고 모든 이를
위한 책. 인문 공동체에 용감하게
뛰어들어 처음부터 하나하나 시작한
세 주부의 글로 꾸며졌다. 자신의
이야기부터 비슷한 경험을 하고
있는 다른 주부와 나눈 대화, 여기에
도움이 될 만한 도서 목록, 공부하는
사람과 함께할 수 있는 인문학
공동체의 목록까지 책 말미에 더해
알차게 담아냈다.

번역자를 위한 우리말 공부
한국어를 잘 이해하고 제대로 표현하는 법
이강룡 지음

외국어 실력을 키우는 번역 교재가
아니라 좋은 글을 판별하고 훌륭한
한국어 표현을 구사하는 태도를 길러
주는 문장 교재. 기술 문서만 다루다
보니 한국어 어휘 선택이나 문장
감각이 무뎌진 것 같다고 느끼는 현직
번역자, 외국어 구사 능력에 비해
한국어 표현력이 부족하다 여기는
통역사, 이제 막 번역이라는 세계에
발을 디딘 초보 번역자 그리고 수많은
번역서를 검토하고 원고의 질을
판단해야 하는 외서 편집자가 이 책의
독자다.

동사의 맛
교정의 숙수가 알뜰살뜰 차려 낸 우리말
움직씨 밥상
김정선 지음

20년 넘도록 문장을 만져 온 전문
교정자의 우리말 동사 설명서.
헷갈리는 동사를 짝지어 고운 말과
깊은 사고로 풀어내고 거기에 다시
이야기를 더해 재미있게 읽을 수
있도록 했다. 일반 독자라면 책 속
이야기를 통해 즐겁게 동사를 익힐
수 있을 것이고, 우리말을 다루는
사람이라면 사전처럼 요긴하게 쓸 수
있을 것이다.

내 문장이 그렇게 이상한가요?
내가 쓴 글, 내가 다듬는 법
김정선 지음

어색한 문장을 살짝만 다듬어도 글이
훨씬 보기 좋고 우리말다운 문장이
되는 비결이 있다. 20년 넘도록 단행본
교정 교열 작업을 해 온 저자 김정선이
그 비결을 공개한다. 저자는 자신이
오래도록 작업해 온 숱한 원고들에서
공통으로 발견되는 어색한 문장의
전형을 추려서 뽑고, 문장을 이상하게
만드는 요소들을 간추린 후 어떻게
문장을 다듬어야 유려한 문장이 되는지
요령 있게 정리해 냈다.

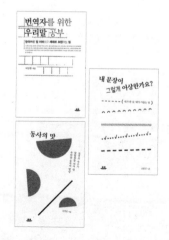

후 불어 꿀떡 먹고 꺽!
처음 맛보는 의성의태어 · 이야기
장세이 지음

한국어 품사 교양서 시리즈 2권.
의성의태어를 좀 더 깊이 들여다볼 수
있도록, 상황에 따라 나누고 뜻에
따라 갈래지은 책이다. 저자는
우리가 일상에서 생활하면서
느끼는 것들을 표현한 다종다양한
의성의태어를 새롭고 발랄한 언어
감각으로 선보인다. 생동감 넘치는
의성의태어 설명과 더불어 재미난
이야기를 통해 실제 용례를 확인할 수
있다. 의성의태어 활용 사전으로도
유익하다.

만화 동사의 맛
이야기그림으로 배우고 익히는
우리말 움직씨
김영화 지음, 김정선 원작

교정의 숙수가 알뜰살뜰 차려 낸
우리말 움직씨 밥상 『동사의 맛』이
만화로 재탄생했다. 헷갈리는 동사와
각 동사의 뜻풀이, 활용법 그리고
이야기로 짠 예문으로 구성된 원작을
만화라는 형식으로 가져오면서
남자와 여자의 이야기, 동사의
활용법을 네모난 칸과 말풍선 안에
펼쳐 보였다. 이 책은 그림 사전의
역할도 한다. 동사의 뜻풀이에 그림이
곁들여지면 좀 더 확실하게 개념이
파악되고 생생하게 기억에 남는다.
그림과 이야기를 따라 책장을 술술
넘기다 보면 다양한 동사의 기본과
활용 지식이 머릿속에 차곡차곡
쌓이게 될 것이다.